天下雜誌
觀念領先

別想了，好好生活吧！

停止無建設性的反覆思考，
緩解多慮的焦躁，克服決策疲勞，
把心力用在值得的事情上

Don't Overthink It

Make Easier Decisions, Stop Second-Guessing, and Bring More Joy to Your Life

安妮．博吉爾 Anne Bogel 著　許玉意 譯

目次

推薦序

讓大腦建立新的神經迴路，脫離想太多的負面循環

李旻珊

「你想太多了，別鑽牛角尖！」

「我也知道別想太多，但我沒有辦法控制，也不知道該怎麼做。」

很多來身心科門診的朋友，常常提到跟身旁親友會有前述對話。

想太多，或是過度思考，有時候是講究細節的完美主義；有時候是對未知人事物的擅自想像；有時候是毫無理由的侵擾念頭；也有時候是對自我價值或意義的質疑。過度思考會耗費巨大的心智能量，讓行為停滯不前。

在《別想了，好好生活吧！》一書中，難能可貴的是，作者分享了許多很細膩的心路歷程與思考脈絡，從這些生活化的自身經驗中，展示她在深陷思考漩渦時，如何透過「自我覺察」，以及建立自己可以信任的步驟，去暫停、中斷這樣的負向迴圈。

作者很體貼，深知「想太多的人」在面臨改變時可能會遭遇的思緒風暴，因此在本書的第一部，先提醒讀者可以如何為改變做好準備，為讀者鼓勵與賦能。在第二部，作者說明了如何克服與預防「想太多」的實際作法，並討論許多她自身嘗試過，也覺得可以信任的策略與步驟。我最喜歡本書的第三部「讓陽光照進來」，作者分享如何以多元的方式思考，重新連結本以為已脫離的生活樂趣。

我欣賞作者在每個篇章結尾都會安排幾個問題，讓讀者腦力激盪一下。這樣的巧思為原本的「過度思考」定向，化劣為優，正如同書中提到的「你的想法可以是敵人，也可以是盟友」。

在調整舊有習慣的同時，我們也需要建立新的思維。嘗試參與各種活動、採用與以往不同的觀點，或是去經歷新的體驗，都能讓大腦建立新的神經迴路，豐富神經連結。

期許各位讀者都能在本書獲得一些新的領悟，也許是從想太多的循環中解脫出來，又或是促進價值觀的激盪與融合。當我們能以更多元的觀點去面對自我與世界，或許我們就能擁有更多的選擇，也因此更圓滿、更自由。

（本文作者為精神科專科醫師、老年精神科專科和成癮醫學專科醫師、美國杜克大學和丹麥跨顱磁刺激治療認證醫師）

推薦序

飛越人生的困境，力量一直都在我們自己身上

鄧善庭

什麼是過度思考？我認為過度思考需要包含幾個重要元素，向內產生恐慌、自責、罪惡等相關情緒與意念；向外則是行為上像隻無頭蒼蠅般一事無成。負向意念就像兩顆大大的鐵球銬住我們的雙腳，讓人感覺行動困難、難以跨步，走半天都還是在原地打轉，找不到出口、尋不著方向，越發焦躁的心情又加重了鐵球的重量，形成某種可怕的負向循環，讓人感覺被「困住」了。

很多時候，我們以為每個選擇、每個決定都有一個獨一無二且完美的解答，只要拼

了命思考、選出最正確的解答（就好像過去在學校練習的習題一般），生命就會變得更美好、生活的困境也會迎刃而解。這真的是人生最大的誤解！或許生命無論如何都很辛苦、沒有任何一種完美的選擇、事情再怎麼準備都還是會失控，而且上述任一種情況，都只代表著這世界本就是精彩豐富且出人意料的，並不代表著你有什麼能力上的缺陷。你很好，只需要適度地放過自己就好。

我相信每個人天生都有一對翅膀，如果能夠斷開負面循環、解放自己的完美主義，重新認識自己、確立生命的價值觀，那對翅膀將會帶領你飛越人生中的困境與挑戰，因為力量一直都在我們自己身上，而這本書或許隱藏著解開枷鎖的鑰匙，祝福你！

（本文作者為諮商心理師）

推薦序

別讓有害的思考習慣毀掉你的人生

陳志恆

孩子剛出生的前三年，每回要帶孩子出門，不管是過年返鄉，還是只是去附近公園玩耍，我都會感到焦躁萬分。在還沒出發之前，我就會開始想著，如何才能順利地移動孩子？如何讓孩子在路途中乖巧配合？遇到突發狀況該怎麼辦？萬一有什麼閃失怎麼辦？

我非得把每一個步驟都想清楚了，才能安心出門。不！應該說，即使我反覆想過行程中的每一個環節了，我依然焦慮不已。我的大腦不斷重播著接下來要做的每一件事，彷彿要在心裡為每個細節彩排多次；直到安全返家，才能放鬆心情。

我太太看我這副模樣，總是不解地說：「你為什麼要想那麼多？」

但我卻反問她：「你怎麼能不想這麼多呢？」

好幾次，我們出門購物時，看到一樣想買的商品，我正想把它從架上取下，放到購物車裡。只見太太拿起手機，低頭滑了起來，全神貫注在幾個網路商場中，反覆查詢價格。原來，她正在比價，這花了我們不少時間。

我問：「又沒差多少錢，有必要這樣斤斤計較嗎？」

她說：「當然有呀！買貴了多冤枉呀！」

不只我會過度思考，我太太也會。對我而言，只要價格不要太誇張，買到我要的東西就好，拿了就走。我太太則是不斷思考，這樣的價格是否合理，是否可以從其他管道買到更便宜的東西，非得把資訊全都蒐集齊全了，才能決定是否下單。

每個人都會有過度焦慮的時候，也都會有過度思考之處。大多數的情況下，過度思考並非壞事。之所以會過度思考，是因為我們在意，一想再想可以確保我們不要出亂子。但這樣的思考習慣若毫無建設性，甚至為生活帶來諸多困擾時，就必須正視它的影響。就好像，當我每回帶孩子出門，思緒總要聚焦在擔心各種失控狀況時，我就會時神情緊繃，不僅自己沒辦法享受與家人孩子相處的時光，也令周遭的人倍感壓力。

「想太多」的背後，其實是出自焦慮的情緒。也就是過度擔憂那些還沒發生的事情，當然，也可能是為過去已經發生的事情感到懊惱。如果你總是反覆地把那些擔心憂慮的思考內容，拿出來一想再想，就成了「反芻思考」（本書第七章會介紹）。

許多憂鬱症患者都有反芻思考的現象。我在助人工作中，發現那些有心理困擾的人，幾乎都有過度思考或反芻思考的習慣。問題是，即使他們意識到了，就是停不下來。甚至，過度思考本身成了一件令他們擔憂的事，擔心自己又想太多。

幸好，本書作者安妮・博吉爾，要和你分享如何擺脫這個難纏的問題，而不讓自己的精力全耗費在那些無益的思考焦點上，當負面想法出現時，你可以：（一）注意你的想法。（二）以積極正面的角度看待問題。（三）考慮不同的觀點。（四）暫時置之不理。（五）忽略無益或無效的想法。（六）設定一個過度思考專用時間。（七）寫下來。（八）分散注意力。

我採取第五個策略「忽略無益或無效的想法」。我知道，那些念頭對我沒有幫助，所以，當這些憂慮的想法升起時，我看著它們來，再看著它們走。

現在帶孩子出門，我仍然會焦慮，仍然需要把整趟行程重複思考多次。但是，比起過去，我改善多了！我知道，我的思考習慣正在改變，連帶著生活滿意度，也正在提升中。

（本文作者為諮商心理師、暢銷作家，為長期與青少年孩子工作的心理助人者。目前為臺灣NLP學會副理事長，著有心理勵志及親子教養等暢銷書共八本，二〇一八～二〇二一年博客來百大暢銷書作家）

推薦序

阻斷過度思考迴圈，讓心思專注在對的事情上

張瀞仁

當你正在專心工作時，老闆走到你身旁，拿起他需要的文件後離開，這聽起來是上班族平凡的日常，但你開始想「他剛剛明明走到我旁邊了，為什麼沒有跟我打招呼？他拿了那份文件後，沒有跟我點頭示意或眼神交會，是我哪裡做得不好嗎？我是不是應該早點主動拿給他，而不是讓他走到我這邊拿？他還在為上次開會的事情生氣嗎，還是誰跟他說了什麼？」或許，你的老闆只是很忙、想要趕快看完文件內容，但你整天因此心神不寧。

「這叫深思熟慮，我是要通盤分析情勢。」這是我們常常安慰自己的話，但大家都

知道這就是典型的自己騙自己。或許是個性關係，或許是對風險或不確定性的承受程度，除了我自己之外，我在內向者與女性身上也看到類似特質，「如果……怎麼辦」、「會不會還有哪個方案是我沒想到的？」有次在ＩＧ上看到一句話「I like torturing myself by overanalyzing everything（我喜歡用過度分析來折磨自己）」時，我忍不住大笑出來，這根本就是我人生的日常。但有些時候，事情沒有這麼好笑，不只是私生活，連到了該理性精準判斷的職場時，這樣的行為模式還是像鬼魂一樣跟著我們、久久不散。漸漸的，我們覺得大腦超載、決策速度變慢、對自己的判斷失去信心、開始討厭自己（或自己某部分的個性），甚至產生焦慮或憂鬱，然後又開始碰到任何小事情就一直過度思考。

看到這本書的書名時，我第一個反應不是「是喔，我來看看你想說什麼」，而是想對著書大喊「廢話我也知道，你跟我說要怎麼做啊！」

精神科醫師凡尼爾博士（Maureen Sayres Van Niel）說，如果你會這樣忍不住在腦中一直思考和分析某種情況，可能就是某種焦慮傾向或癥兆。這並不奇怪，焦慮和緊張都是人類自然的反應。根據美國精神協會調查，大概三成人口或多或少都會過度分析或過度思考。你或許自己不自覺，也或許已經到了在生活、社交、職場上感到困擾的程度，無論是哪一種，我們都可以做些事情來調整，而這一本書，就是一本調整方法大全。

書中作者有一些方法，可以有效幫助阻斷過度思考的迴圈，或在剛要開始的時候按下暫停鍵。其中我最喜歡的概念是，讓生活簡單化。我一直覺得我的心力有限，再加上容易動不動就想太多，很多時候變成沒力氣去想真正重要的事。書中作者的方法是：設立規則。可以用規律解決的事情，就不要花心神去處理，譬如家中來了重要的客人，身為主人要端出什麼料理才會賓主盡歡，客人喜歡喝酒該如何準備，一切都可以有SOP，規則建立之後，就可以進入自動導航模式，而不會為了一次晚宴讓自己焦慮一整個星期。同樣的道理也可以運用在生活中其他面向：上班要穿什麼、中午吃什麼、週末要帶家人去哪裡等。很多日常生活中的事，其實都可以簡化。這樣一來，我們就可以在重要的事上面多花點心力，例如職涯下一步該怎麼走？要跟這個人結婚嗎？小孩要念哪間學校？再允許自己多花點心思去思考這些重要的事。

（本文作者著有《安靜是種超能力》）

第1章 我們如何過生活？

你的經歷、你的世界，甚至是你的自我，都是你所關注之事的創造物，這比你可能意識到的還要多得多。

——溫妮佛德・葛拉格（Winifred Gallagher）

我預計要在二十七小時後出發去納什維爾（Nashville），卻不停在刷新天氣預報網頁。在我啟程之前，其實有無數的事情要做（多到比我可能完成的事還多），但我仍不斷刷新頁面，我知道此舉沒什麼用，實際上可能還讓事情變得更糟，但我依然堅持這麼做。

我要開車往南，去執行一項已計畫好幾個月的新專案，確定日期並非易事，但現在終於定了，旅館早已訂好，工作袋也剛打包好。我已經確認行程，並下載了一本在開車時要聽的有聲書，現在只剩一個不確定因素：天氣。

整整一星期，我都在密切注意可能破壞計畫的動盪風暴。天氣預報說，這並不是南部夏季會突然出現的風暴，而是一個將覆蓋該地區的巨大鋒面。我的朋友第一次注意到這情況，是在本週早些時候的女士之夜。當時我們一邊聊天，一邊喝著半價葡萄酒，她的視線越過我們的肩膀，盯著酒吧電視上遭靜音的氣象學家，「嘿，你什麼時候去納什維爾？」她問道。「那場風暴看起來不妙。」

由於我們已經耗費了幾十個女士之夜討論各自的恐懼，無論是理性或不理性的，所以我的朋友們都知道，即使在陽光普照的日子裡，我也是一個焦慮不安的公路旅行者，我很討厭在暴風雨中開車。她們也知道，就在幾星期前，我和家人才剛經歷過最嚴重的雷雨，就在我即將獨自開車的同一段 I-65 公路上。那次我們要去佛羅里達度過年度海灘週，開車的是我丈夫威爾。通常他冷靜沉著的存在會讓我感到安心，但那一次連他都顯得很害怕。公路上的擋土牆意味著我們不能靠邊停車，而雷達顯示雨會連下好幾個小時，能見度幾乎為零，事後我告訴朋友，我們沒有在州際公路上發生百輛汽車連環追撞的事故，真是個奇蹟。

「我再也不會這麼做了，」我講述這個故事時如此說道。

但這五天的天氣預測，看來有機會使我重蹈覆轍。或許很有可能。「你最好留意一下天氣預報，」我的朋友說。

我把朋友的話當真了，或許過度當真了。這星期以來我不斷在查看天氣，希望風暴會消散，或改變路徑，但這兩個樂觀的結果都沒有實現。

風暴非但沒有消退，反而加劇了，我的焦慮程度也是。

提前啟程並非選項之一。我在路易維爾（Louisville）的家還有工作要做，這個季節我已去了很多地方，我不想再離開家人了，不想再錯過另一次家庭聚餐，或是在預計會是一個美好的夏夜錯過兒子的重要棒球比賽。

但我實在不知道要如何在暴風雨中開車二百英里。

所以現在我盯著電腦螢幕，抱著一線希望，祈禱我接下來每刷新一次頁面，就會帶來更令人滿意的消息，結果每一次我都不喜歡天氣預報提供的新答案，於是我一次又一次地點開網頁。我讓自己離開電腦，設法真正完成一些事情，但即將來臨的風暴使我根本無法專心，於是我又悄悄回到螢幕前再次查看。每次打開網頁都只讓我更躁動不安。

沒過多久，我就陷入再熟悉不過的過度思考迴圈，無法將注意力集中在其他事情上。

我知道這些徵兆：大量的思緒，沒有一個是有建設性的，同時我知道自己有更重要的事情要處理。我所有的精力都被天氣預報（我對此無能為力）所消耗，而不是真正需要我關注的事情。

我越想著該做什麼，我對答案就越感到不確定。我現在該啟程嗎？我應該等待？我應該繼續等待和保持希望嗎？我在過度思考的漩渦中陷得越深，對自己做決定的能力就越沒自信，而擺在我面前的具體問題就會迅速變成一個更大的擔憂：究竟是什麼樣的傻瓜會花幾小時盯著天氣預報？一個有能力的成年人難道不能做個簡單的決定嗎？這實在很滑稽，而我也處於失去判斷能力的危險中。我傳簡訊給朋友：

> 目前的情況：為了開始寫一本暫名為《別想了，好好生活吧！》（*Don't Overthink It*）的書，我對納什維爾之行想得太多了。

何謂「想太多」？

任何拿起這本書的讀者，都能與我感同身受，因為你也經歷過。你知道陷入無效率，甚至是破壞性思想的循環中是什麼感覺。

當我們在談「想太多」時，並非討論滿足基本需求，例如一個棲身之處或下一餐在哪裡，這些基本問題值得關注，需要思考，有時需要很多思考。我們也不是指討論人生中的重大決定，例如是否改變職業、結束一段關係，或是搬到國外，像這樣的重大決定需要深思熟慮。**當我們談及過度思考時，指的是把精力浪費在不值得的事情上，此時我們似乎無法想其他的事情，即便我們自知把思考的力氣花在別處會更好。**

過度思考有許多不同的形式。有時看起來像是擔心。我們可能會陷入回顧過往，或想像未來可能發生的事而無可自拔。我們或許會花二十分鐘，對老闆發來的那封簡短電子郵件或孩子老師的便條，推測出極富想像力且嚴重的結論，或者我們可能會在腦海中構建一個複雜而可怕的場景，用以解釋為什麼媽媽沒有回電話。我們可能會躺在床上輾轉難眠，擔心朋友對自己的真實看法，或思忖心愛的人是否對自己感到厭倦，或想知道圖書館的罰款是否真的太高了。

有時，**過度思考看起來就像是為小事煩惱，把過多的大腦空間花在相對無關緊要的事情上**。我們可能會陷入一連串的思考，想著是否應該把那條新牛仔褲換成大一號的，或者為什麼洗衣機的水不像以前那麼熱，而我們應該為此做些什麼。

有時，過度思考就像是質疑自己。我們把鮮花列在購物清單上，但它們真的值得我花這麼多錢嗎？我們對那場音樂會很感興趣，但若在家舒服待一晚會不會更好？我們想讓孩子去看流星雨，但為此犧牲睡眠時間值得嗎？和老友見面是件好事，但若將所有假期時間都花在與老友重聚，會後悔嗎？猶豫不決令人感覺不舒服，如果少了指導原則或連貫的基本原理，我們會無法控制自己，而繼續深陷泥沼。

無論困擾我們的想法或大或小，共通點就是：**這些想法都是重複、不健康，而且無益的。我們的大腦很努力在運作，卻一事無成。**這很累人，感覺很糟糕。蘇珊．諾倫—霍克塞瑪（Susan Nolen-Hoeksema）博士是耶魯大學的心理學教授，她的研究聚焦在女性的心理健康和幸福。她二十多年的研究表明，過度思考會讓生活更加艱難、傷害人際關係，並且可能導致諸如憂鬱、嚴重焦慮和酗酒等精神障礙。①

過度思考也會帶來巨大的機會成本。心智能量並非是一種無限的資源。**我們每天能花費的精力只有這麼多，選擇如何使用它們很重要。**正如安妮．迪勒（Annie Dillard）所寫，「我們如何度過一天，當然，就會如何度過一生。我們在這一小時和那一小時所做的，就是我們正在做的事情。」②

當我們把時間花在過度思考時，這就是我們在做的事情。

讓我們面對現實吧：沒有人想過多慮的生活，但這並非我們所能選擇，感覺像是某種無法逃避之事。我們不想浪費寶貴的生命，去質疑自己上週四與人的某次談話，或者是否病到需要去看醫生，或者本週什麼時候能擠出時間去好市多購物。我們希望自己過得更好，但不確定要如何做到。

有位朋友最近轉述她在一本女性雜誌上讀到的建議，也就是藉由不去想任何晚餐後會帶來壓力的事情，來抑制過度思考。我們都笑了，這聽起來不錯，但實際上該怎麼做呢？如果人可以簡單地決定不去想心煩的事，我們就不會有過度思考的問題了，不是嗎？

為什麼要解開這個在生活中如此刺眼的小問題，會這麼難呢？

過度思考對女性的影響大過男性

心理學教授蘇珊・諾倫－霍克塞瑪寫道：「我們正罹患一種過度思考的流行病。」③這個問題非常普遍，而拜神經科學和社會化的結合之賜，此問題尤其困擾女性。根據最近研究指出，女性的大腦確實比男性活動的更頻繁。二〇一七年，亞曼診所（Amen clinic）研究人員發布的成像數據顯示，「參與研究的女性，其大腦的活躍區域明顯多於男性，尤其是與專注力和衝動控制有關的前額葉皮質，以及與情緒和焦慮有關的大腦邊緣系統或情感區域。」[4]

這種差異可能是女性更容易反覆思考、過度分析和優柔寡斷的關鍵原因。我們觀望而不行動、我們擔心、我們事後質疑自己，而且無論是出於生理或社會原因，我們比男性更注重與他人的情感聯繫。根據蘇珊・諾倫─霍克塞瑪所言：

> 女人可以反覆思考任何事情：我們的外表、家庭、事業、健康。我們經常認為這只是身為女人的其中一部分……這或許部分正確，但過度思考對女性來說也是有害的，它會干擾我們自行解決問題的能力和動機，會趕走朋友和家人，也會破壞我們的情緒健康。女性變得嚴重憂鬱或焦慮的可能性，是男性的兩倍，而我們過度思考的傾向似乎是其中原因之一。[5]

最近的研究表明，這個問題只會變得更糟。一項分析一九八九年至二〇一六年出生族群差異的研究顯示，儘管人們對危險的意識有所增強，但完美主義仍不斷增長。[6]正如我們將在第三章探討的，完美主義與過度思考密切相關。與前幾代人相比，今日年輕人面臨更多競爭，以及更多不切實際的期望，對其心理或情感健康並不是件好事。

其實不需要這樣。我們可以（而且必須）學會做得更好。不這麼做的後果太嚴重了。

本書所能夠提供的有效方法

這本書是寫給那些像我一樣，想在某天回顧過去、並能宣稱自己有個美好生活的人。我們可以看到，活得好，取決於想得好，也就是思考重要的事情。我們想要學習如何克服決策疲勞，不再感到不知所措，並為生活帶來更多平靜和快樂，意味著要學習一些策略，以面對我們的每一分鐘和每一天。

時日一久，我已刻意建立一些我可以信任的步驟，每當我陷入過度思考的情境時，就會求助於這些方法。多年來，我已看到簡易的方法和微妙的視角轉變，是如何激發了靈感，讓生活的某些方面變得更輕鬆。這些小轉變逐次、逐件發生，雖然都很小，但累積下來已全然改變我的生活。

我想和其他人分享這些訊息，這也就是為什麼你手裡拿著這本書的原因。雖然這個主題已有一些有用的資訊，尤其是與反芻思考（rumination，本書第七章會有詳細討論）有關的訊息，但是我找不到任何現有的資料，來處理我已知的過度思考問題，或者分享幫助我避免反芻式思考的策略。隨著我越來越了解過度思考，我就越驚訝於過度思考涉及生活的層面如此廣泛。於是我想寫一本書，既能反映過度思考的深遠破壞性影響，也可以反映我們可以學習做得更好的一些方法。

我從寫部落格開始，這些年來，我最喜歡的貼文是那些結合了意想不到、看似不相關元素的文章，它們藉由讓讀者以一種新的方式看待自身處境，提供了新的見解。這本書在主題和範圍上也反映出同樣的方法：它按照你或許意想不到的軸線劃分事物，涵蓋你可能沒有預期的主題，並在該主題上採取比既有書籍更廣泛的視角。我是刻意為之的，因為我相信這個主題值得我這麼做，而身為女性的我們，需要這本書。

我們可以藉由進行以下事情，來學習如何持續性地停止過度思考：

◆ **活得好，取決於想得好。**我們將探討如何奠定堅實的基礎，使我們成為不容易過度思考的人。

◆ **照顧你的心靈花園。**我們將學習如何在當下克服不健康的思考模式，並實施一些方法，避免讓自己一開始就陷入這些模式中。

◆ **讓陽光照進來。**過度思考者常常自認為自己與簡單的生活樂趣脫節，我們將研究如何聰明地思考，使我們與生活樂趣連結。

你並非註定要過多慮的生活。你可以做得更好，但這並非一蹴可幾的事。控制你的思想生活是一個過程，對我來說是如此，正如你將會看到的。有些日子我做得還不錯，我很滿意自己的生活方式。有時我很掙扎，而我知道我還是會這樣。我可能永遠不會達到某種目標，但我可以看見自己已經改善了多少。這個過程並不容易，不過很值得。

對你來說也是如此。

在本書中，我們將探討幫助我和其他許多人克服過度思考的方法。有些策略很普通，而有些策略很容易掌握，可以立即改變生活。有些是關於金錢和記憶，而另一些則是關於簡單的富足。有些策略舉足輕重，而另一些則在答案不明確時，幫助我們決定。

去年六月，正是這最後一個方法，讓我從納什維爾之旅的恐懼中振作起來。讓我們將場景帶回我的廚房餐桌，當時我鎖定天氣預報網站，焦躁的不斷刷新頁面，希望得到一個永遠不會出現的更好答案。

我的朋友笑著回覆我的求救簡訊，然後問道：「旅行的細節讓你有什麼壓力？」她要我把問題說清楚，而我照做了：我告訴她，我討厭我的選項。說出這項事實並不像是在抱怨，而是釐清自己的感覺，反正不管怎樣我都不會開心的。

即使我不喜歡這個結果，也並不意味著它不是正確的結果，而這讓我有了選擇的自由。

我不再抓狂了。我檢查了天氣預測，這次是有目的性的。我查看交通狀況，規劃好之後，將電腦推開，幾個小時後啟程出發，比原訂計畫早了二十二個小時。這項安排並不理想，但很有效，幸運的是，我決定之後就不再牽掛。

去程的路上只下了一點雨。

下一步

請進行以下測試，看看你是不是一位過度思考者。

1. 你是否有時會把精力浪費在不值得的事情上？

2. 即使你知道自己應該專注在其他事情，但你就是無法抽離心緒？

3. 你是否曾在回顧過去發生的事情時，苦苦深陷其中、無法自拔？

4. 你是否經常質疑自己？

5. 你是否為小事苦惱，花太多時間在相對無關緊要的事情或問題上？

6. 你的想法有時會讓你夜不能眠嗎？

7. 你是否陷入你自知是重複、不健康，以及無益的想法中？

如果你對上述部分問題的回答是肯定的，你就是容易想太多。請繼續閱讀下去，因為你不需要一直想太多。

第一部

活得好，取決於想得好

第2章 努力經營過程

她沒發生什麼事，只是做了一個選擇，接續又做了一個又一個的選擇。諸多小選擇加總在一起，成就了人的一生。

——J・柯妮・蘇利文（J. Courtney Sullivan）

我有一位朋友，用她自己的話說，是一名過度思考的長期病患。她說她生來如此，這就是她的本性。她就是如此。她認為這樣很可愛，因為我們女人太愛家庭了，根本無法阻止自己擔心家人，因為我們致力於把事情做對。事實上，無論是家庭、工作，或人際關係，時刻想著這些事是很自然的，我們就是控制不了自己，上天保佑。每當在談話中提及她過度思考的問題時，她總是以這個問句作結：「但你又能怎麼辦？」

她覺得自己無能為力。這也不足為奇，當我們環顧四周，可以看到許多女性過度思考，她們認為這些思考模式是自然形成的，而她們對此根本無能為力。人們很容易認為這就是事情該有的樣子。

這種誤解很常見，但並非無害。不管事實如何，我朋友的心態讓改變變得不可能。當我們認為自己沒有能力做到的時候，我們就肯定做不到。的確，有些人天生就比其他人更果斷、更輕鬆悠閒、更有自信，而有些人則更容易想很多，但這只是起點，而非終點，我們開始計畫改變，而不是註定永遠如此。

你必須相信你可以改變

想太多對我來說是很自然的事。對我來說，刻意不想太多才是費力。我必須學會如何在人生中控制我的思考，即使過了這麼多年，我也不指望將來永遠不會過度思考，但我很高興能在相當一部分時間裡成功做到。事實上，很多時候，從外人看來，我似乎天生就不會過度思考。

但那並不能說明一切。

長期以來，廣告主們在化妝品宣傳活動中都會宣揚以下的觀念，以一百五十年來廣告業中最知名的一句金句為中心：「可能她是天生麗質，也可能是因為媚比琳（Maybelline）的緣故。」（Maybe she's born with it. Maybe it's Maybelline.）當我還是個孩子的時候，我很喜歡這些廣告。廣告中總會出現一名穿著得體的漂亮女性，讓觀眾不禁想知道，她醒來時的臉就長這個樣子，或是她必須仰賴媚比琳的化妝品才長這樣（儘管在我還是小孩時，我也知道答案永遠是媚比琳）。

因此它與過度思考有關，或者更準確地說，不去想太多。當我們看著一個似乎從不自我懷疑的人時，也許會想：「我希望我也能像她一樣。」或者更糟：「我永遠也不要變成那樣。」她似乎從來不會陷入消極的思維模式或事後質疑自己，那我們為什麼會呢？我們可以假定她生來如此，但如果她不是呢？如果她必須一點一點地慢慢學習呢？

我欽佩前者，但我是屬於後者。或許我現在看來毫不費力，但請相信我，我也必須經過「學習」才能做到。你也可以。**完美是不可能的，但改變是完全有可能的。**

開始用不同的方式描述你自己

我在第一本書《讀人》（*Reading People*）中曾寫道，我們看待自己的方式，將對我們如何生活產生莫大影響。「我是那種會＿＿＿＿的人」是一句有力的聲明，不管你填什麼。我們身分意識的轉變（亦即我們如何填補這一空白的轉變），幾乎在轉瞬之間就能導致我們的行為產生巨大變化。

從現在開始，我不希望你把自己描述成一名長期過度思考者。別如此稱呼你自己，即使只是在自己的腦中也不可以。過度思考已不再是你身分識別的一部分（儘管它可能是你目前的行為）。反之，請開始以如下方式描述自己（只是在腦海中也可以）：

- 能夠在決策時少些焦慮，多些快樂與平靜。
- 能夠學會制定自信、有能力勝任的決策。
- 不需要習慣性地自我懷疑。
- 學習如何過濾不重要、不健康，以及無益的事物。
- 研究停止過度思考的策略。

- 當事情沒有按照計畫進行時，你有能力優雅地轉向。
- 有辦法停止過度思考，迎接美好的事物進入生活之中。

改變心態只是第一步，但它是很重要的一步。現在，你要開始動起來了。改善並非自然發生，也不會在一夕之間發生，但它將會發生。

如何開始改變看待自己的方式？

我大學畢業兩年後，世貿中心的雙子星大樓倒塌了，那是二〇〇一年九一一恐怖攻擊事件。事情發生的時候，我離紐約並不近，當時從布拉格要搭機前往紐約，我們的班機在離開捷克共和國幾小時後，折返回歐洲。由於發生一連串不可思議的悲劇和不幸，包括九一一、被蜜蜂螫傷、過敏，以及去德國急診室，我經歷有生以來第一次的恐慌症發作。

幾星期後，當我終於回到美國，隨即與我的醫生聯繫。他告訴我，我的經歷很常見：九一一後我的壓力程度升高，這讓我很容易受到蜜蜂螫傷所引發的全面恐慌。他說我需要降低我的壓力反應，而且要快，因為恐慌症會引發更多的恐慌症。每經歷一次，都在我的神經系統中刻出一道溝痕，讓我更容易再經歷一次。我不想讓身體記住這種模式。

我的醫生開了一些抗焦慮和降血壓的藥給我，但在我們告別時，他不經意地說了一句改變我人生的話。「心理學場域實非我的專長，」他說，「但我知道：**你的想法可以成為你的敵人，也可以成為你的盟友。**」

我對他的觀察很感興趣，雖然並不完全理解其含義，也不知道如何實踐，但我明白，我的思想與我的健康福祉密切相關，這是我從未想過的，而探索彼此的關聯是首要之務。於是我熱衷地展開探索的旅程：我去了圖書館和書店，囤積關於健康、冥想和正念的各種資料。我開始更加關注自己在想什麼。

當我閱讀時，我驚訝地發現自己可以控制日常的思想。**其實這種能力一直都存在，只是我沒有意識到。**我不只開始明白何謂「讓我的思想成為我的盟友」，而且第一次親眼看到自己如何有辦法做到。

停止過度思考，是有策略可學習的

我曾與許多女性交談過，她們都說：「我希望自己不要再想那麼多了。」但她們並沒有試圖去改變什麼。她們不相信過度思考是可以停止的，所以沒有嘗試做任何事情。我知道這是什麼感覺，因為我也曾是她們其中一員。當初我的醫生一句不經心的話，讓我意識到我有能力改變。一旦我知道我有能力，我便開始探索如何實行。

知道方法，就可以改變一切。如果我們不相信解決方案的存在，自然就不會去尋找解方。

以我最近的例子來說，我自己的錯誤假設使我與解決方案無緣。我們有一輛家庭休旅車，雖然並非是每個人的夢想車，但我喜歡車子的某些設備，最喜歡的是輔助我倒車和安全變換車道的攝影鏡頭功能。我喜歡這項功能，但它曾經非常不可靠。照理說，只有在我倒車或打右閃燈時，相機才會顯示，但有時它在該關閉時卻不關閉，即使我不想或不需要顯示，螢幕也會亮起來，這讓人非常沮喪，但我對此無能為力。

至少我是這麼認為的。

去年冬天，我十六歲的兒子拿到了學習許可証，那時我們擁有這輛休旅車已經一年多了。有天兒子開車時，他打了方向燈，摸到一個他以前沒注意過的按鈕，問我們：「這個按鈕是做什麼用的？」威爾和我不知道那個按鈕，也不知道它有什麼作用。我們請他去按，看看會發生什麼事。

你能猜出這個按鈕的作用嗎？你當然猜得到，那個按鈕可以關閉相機鏡頭。

一年多來，無法關閉相機鏡頭這件事，一直讓我很沮喪，但我不知道關閉它的方法其實一直都存在，因為我從來沒有想過會有解決方案，而且我也沒有去尋找它。**答案其實就在我的指尖，我卻不知道。**

說到過度思考，類似情況也發生在我們多數人身上。我們深受困擾，卻什麼都不做，因為我們不知道改變是可以實現的。

當然，減少過度思考並不像按方向燈上的按鈕那麼簡單。如果真這麼簡單就好了！但我們確實有可用的策略，我們將學習如何使用。

我喜歡將自己和思想搏鬥的事，想像成學開車（有趣的是，我一直拿車當比喻，但我不是愛車人士，不過這個類比是成立的：汽車是複雜的設備，人腦也是）。為了安全駕駛，司機需要學習基本的操作方法：知道如何發動引擎、檢查後視鏡、使用方向燈和剎車。她需要知道如何清潔擋風玻璃、加油，以及換機油。但這還不是全部，還需要知道如何應對發生在她眼前的事情，包括在有拋錨車輛的車道上繞道、剎車讓行人先行、對付跟車過近的車輛，或者處理爆胎這種緊急情況。這些技能可以保證汽車和駕駛的平穩運作，讓駕駛在麻煩出現時有辦法因應。

過度思考也是如此。有時候，我們需要防範當下發生的過度思考，當我們發現自己陷入消極思考模式時，就像看到一輛停在車道上的車，我們需要改變路線，而且要快，以避免發生不愉快的後果。在接下來的章節中，我們將學習克服過度思考的策略。

但是，為了停止持續性的過度思考，我們需要培養有利於健康思想生活的技能和習慣，以使我們的大腦長時間保持良好運作。或許控制你的思想生活似乎很難，可能像是不可能的任務，但我們可以試著嘗試。

不會永遠這麼難！

幾年前，當我的孩子在上家教班時，我應邀旁聽一節課，旁觀家教讓孩子進行一項具挑戰性的數字練習（在某種意義上，我很難跟上進度）。在孩子笨拙勉強地寫完第一欄數字後，老師問這些孩子是否可以一起嘗試下一欄更難的數字？

我的小孩回答：「我覺得這太難了！」沒有嘀咕，沒有抱怨，只是簡單的事實陳述。他認為自己做不來。我不予理會。

但是老師本能地回說：「是『現在』太難了。」

他解釋說，當孩子持續提升技巧時，現在的題目對他來說就不再困難。他們會一起學習如何解題，或許今天覺得困難，但不會一直如此。

當天在我們離開之前，老師把我拉到一邊解釋道，對孩子們而言，相信自己有能力做到更好，非常重要，如果他們持續練習，今天看似不可能完成的作業，明日就會成為可能。

「我讓學生進行困難的事情，」他說，「但那些困難的事情不會永遠那麼難。」**經由練習，困難的事物會逐漸變得可行，很快就會成為你的第二天性。**

學會好好思考是一個過程。有些策略執行起來很簡單，而有些則較為困難。有些策略像是按下按鈕般快速，而有些則需要持之以恆。一開始採用新的思維練習和模式可能會讓人望而卻步，這很正常。綜合精神病學家亨利．艾蒙斯（Henry Emmons）博士提倡對憂鬱和焦慮等心理健康問題採取全人照護方法，他在《幸福的化學作用》（*The Chemistry of Calm*）一書中寫道，我們認為當前的「瘋狂思維」（wild mind）狀態是我們的自然存在方式，這並不奇怪。他寫道：「自孩提時代起，我們就在許多清醒時刻強化自身的思維習慣，並藉由關注和重複來加強這些習慣。任何事只要堅持不懈地練習，最終就能擅長此事。」[1]我們之所以善於過度思考，要感謝（或根本不需要感謝）我們所有的練習。

這就是為什麼我們需要開始學習新的策略，當我們練習新的思維方式和加強新的思維習慣時，就可以改善過度思考的情形。

一次一小步就好

過度思考是一種惡性循環，如同艾蒙斯所說：「很多人都藉由重複練習來加強不健康的神經迴路。每當我們重複一種恐懼或失敗的想法時，便會加強這種連結，讓我們更容易再次產生那種想法。」[②] 換句話說，**我們越常想太多，就越容易想太多。**

我們必須打破這個循環，可以從小事做起。蘇珊．諾倫－霍克塞瑪博士的研究證實這種策略的有效性：「先做一些小事來解決問題[③]，通常是邁向成功的第一步。這個小小的努力會更容易跨出另一步，最終達成目標。小勝利會逐漸累積，直到我們開始看到問題，以及找到解方。

幾年前，我的朋友面臨孩子學校教育的重大變化，她對所有的選擇都感到不安，尤其這件事一直是她巨大憂慮的根源。她與數十位家長談話，從圖書館借閱大量書籍，並研究不同的教學方法。她很快感到不知所措，覺得做決定之前，需要碩士學位和一套清晰的教育哲學，而這會花掉更多時間。她晚上失眠，滿腦子想著所有的選擇，每件事情可能會出錯的機率。

在徹底崩潰的邊緣，她尋求我的幫助，因為她知道一年前我也面臨類似的選擇。我建議她一步一步來，當下即使沒有一個完全成形的計畫，也沒關係。她可以在通往清晰思考的道路上邁出第一步，小而可行的一步，而她確實這麼做了，當天還沒結束，她就安排了一次學校參觀，感覺好多了。

當我們想太多時，最容易做的事情就是繼續想太多。為了停止這種循環，我們需要打斷這種思考模式，我們可以朝著正確方向邁出一小步，接著更容易一次又一次地邁出正確的步伐。

陷入過度思考可能是一種惡性循環，但讓自己解脫則是一種良性循環。正如艾蒙斯所說：「如果我們能停止經由反覆思考來強化這些負面模式，它們就會逐漸減弱。很快地，我們就能夠創造嶄新的、更健康的神經迴路來取代舊有的。」[4]

當你開始學習新的策略時，我的建議是，選擇跨出一小步，然後開始行動。選擇一件你可以進行的事情（即使是非常小的事情），開始打破這個循環。當你繼續往前進、實施本書所提的策略，以及相信這個過程，你將會減輕過度思考對你的控制，你的自信和知識會增加，接下來會變得更容易。

你並非註定得過想太多的生活。請相信這個過程，並為你的下一步做好準備。

下一步

我們看待自己的方式，會對我們如何生活產生巨大影響。關於過度思考，你目前是怎麼看待自己的？請回答下述問題：

1. 我是那種喜歡＿＿＿＿＿＿的人。

2. 你希望未來的你是怎樣的人？

3. 我想成為會＿＿＿＿＿＿＿的那種人。

第3章 觀察自己的思考模式和行為

確定性完全沒有抓到重點。

——安・拉莫特（Anne Lamott）

我丈夫童年時經常面臨兩難困境。每次他媽媽去塔吉特百貨（Target），都會問他要不要一起去，因為她知道兒子喜歡逛玩具區，挑選早餐麥片，也許還會用零用錢買一盒棒球卡。

威爾喜歡去塔吉特買東西，但喜歡的程度不若與鄰居朋友一起玩，他想去塔吉特百貨，又不想錯過和朋友一起玩的機會。威爾最大的恐懼是，在一次不怎麼有趣的購物之行後回到家，卻發現他外出時，有朋友打電話來問他要不要一起玩。

每次他媽媽邀請他一起去購物，他都必須選擇：去商店？或是待在家裡，以防有朋友邀他一起玩？

在他反覆思考的時候，媽媽會越來越不耐煩，而他一直在這兩種選擇之間左右為難。我聽威爾講過無數次童年時的塔吉特焦慮故事，每次總是令人發笑。當然，這很有趣，但我們也明白，他有「分析癱瘓」（analysis paralysis）的問題，也就是過度思考，以致完全無法決策。我們都有過這樣的經歷，不只是幼年時期，老實說，成年人比七歲孩子有更多過度思考的經驗。

雖然此刻很容易看出威爾的問題，但在我們自己的生活中，分析癱瘓不容易識別。**我們缺乏看清自己行為的視角，當思維模式出現問題時，我們因為過於接近，深陷其中，以至於無法意識到問題的存在**。我們可能會認為自己的行為完全理性，卻沒有發現自己依賴的決策風格（且認定或多或少對我們有幫助），事實上非常容易過度思考。

為了改善過度思考，我們必須留意思考的方式。我們需要注意自己在做什麼，觀察自己的行為，如同觀察童年時的威爾一樣客觀。

察覺「分析癱瘓」的跡象

分析癱瘓是最常見的過度思考現象之一。當我們被它控制時，問題不在於要如何抉擇，在於處理它的方式。我們的思維習慣非但沒有解決問題，反而使我們更加猶豫不決。**分析癱瘓是危險的，因為它永遠不會自行解決。我們無法擺脫，除非我們意識到正在發生的事情，並且進行干預，否則將繼續陷入困境。**

分析癱瘓的常見跡象包括：

- 一再推遲決定。
- 延後決定，希望有更好的選擇自動出現。
- 當我們已有足夠的選擇時，還繼續尋求更多選項。
- 不斷來回審視自己已經蒐集到的相同資訊。
- 擔心做出錯誤的決定。
- 等了許久才決定，卻已錯過執行的機會。
- 決定之後又懷疑它。

分析癱瘓的成因

為什麼我們會想太多？分析癱瘓對我們所有人的影響都不同，有些人比其他人更容易陷入這個特定的陷阱。有些可能造成反效果的天性，例如完美主義，會自然而然地控制我們。有時最好的特質，例如智慧和好奇心，反而也會讓我們陷入困境，過度思考的情形會更加嚴重，我們可能會因為各式各樣的原因，而無法抉擇。

例如，我們可能喜歡探索各種選擇，或不確定要做什麼，也可能我們受到完美主義的影響，認為正確答案就在某處，等待我們去發現。

好奇心

面臨抉擇時，好奇心強的人會習慣性地尋找更多訊息。他們渴望為了學習而了解更多知識，並且發現追求新知識本身就很有趣。在尋求解決方案時，智商高的人或許會看到其他人看不見的所有可能性，可能會無意間導致他們平白將原本簡單的決定複雜化。

這些積極正向的特質有一個意想不到的後果：容易讓我們陷入分析癱瘓，無論是否需要，它都會促使我們去尋求其他選擇。但是，**這些額外的選擇不會帶來更好的決定，純粹**

只是讓我們不知所措罷了。當我們不知所措時，就無法做出任何決定。

幸好，智慧和好奇心不一定會導致分析癱瘓，但如果我們沒有意識到這種關聯，則這些正向的特質更有可能讓我們誤入思考陷阱。

資訊超載

當我們制定決策時，有更多訊息可能是一件好事。問題不在於蒐集資訊的衝動，而在於我們參照這些訊息的程度高低。蒐集數據和檢查選項是有益的，但在某種程度上，尋找更多訊息不只是讓投資報酬率遞減，而且毫無幫助（訊息本來是有用的，現在反而失去作用。看到過度思考有多狡猾了吧？）不久之後，我們會被自己的想法困住，以為只要找到一個新的數據點，確定所需的資源，或者對這個問題稍微想仔細一點，就有更好的答案。

相反的是，這些額外的訊息只會讓我們更加不知所措。當我們堅持要求得到更多數據點時，並非聰明之舉，而是在自我破壞。此舉不會帶我們找到解決方案，反而讓情況變得更糟。

一旦這種循環形成便很難打破，最終決定時，我們對結果的掌控程度反而比以前少，例如我那反覆考慮是否要去塔吉特百貨的可憐丈夫，由於他考慮過多，無論選擇什麼，他都不會快樂。**我們在面對自己的決定時也是如此，因為過度分析，對任何結果都不會滿意，即使這個結果客觀來說是更好的。**

若我們無法意識到分析癱瘓乃是問題的根源，則這種循環就會持續下去。我們的不滿會鞭策我們在下次面臨決策時，進行更多的分析，從而導致更大程度的癱瘓。

完美主義

多年前，我和丈夫需要為第一棟房子的浴室鋪瓷磚。以我們的預算來說，找不到任何承包商能做這件事，所以決定自己動手做。

在這項工程進行期間，我不斷跑到家得寶（Home Depot）採買用品，每次我走進瓷磚區，都會看到一個大招牌掛在椽梁上，鼓勵購物者「要麼做對，要麼再做一次」（Do it right or do it again）。每次我看到它，就會想這兩件事：「是的，正是如此！」以及「我真希望我做對了，因為我不想再做一次。」

當時我犯了一個嚴重的錯誤，誤將「正確」和「完美」混為一談。**注重高標準是一回事，但高標準和完美是有區別的。**我希望家得寶現在已經換掉這個愚蠢的口號，因為它多年來一直困擾著我，每當我想到這個標語，我內心深處的完美主義就會捲土重來。

我很了解完美主義，在我還年輕的時候，我尚未意識到完美主義如何滲透到我的思想生活中，也沒有發現它的漣漪效應：優柔寡斷、易怒、分析癱瘓。我苦於跟完美主義搏鬥，而它在這場拉鋸戰中占有極大優勢。

當我們未能意識到完美主義對自己的影響時，就等於讓它控制了我們的行為。一旦了解完美主義，就能解除它的控制。

完美主義可能會以如下任何一種形式出現：

- 經常性拖延。
- 在繼續前進之前需要找到「正確」的答案。
- 全有或全無的思考模式。
- 難以完成一項專案或計畫，因為總有更多我們可以做的事。
- 批判不完美之處。
- 在與人對話後，內心重複播放著希望自己當時能說出口的話。
- 經常事後質疑之前的決策。

許多人驚訝地發現，完美主義和想太多是相伴而生的，扮演著我們預料之外的角色，一旦我們理解其中的關連，就能看出完美主義傾向如何助長過度思考。當我們面臨決定時，完美主義所要求的高標準，原本就是不可能的任務。無論是分析迫在眉睫、攸關生死的決策，或是困在過去，後悔自己的選擇，我們其實就是希望做出正確的決定。**如果我們將正確視同於完美，那會非常危險，因為在追求完美時，我們會陷入僵局、無所作為**。當完美主義主宰我們時，如果我們無法判斷在特定情況下，什麼是絕對正確的最佳選擇，除了為之煩惱以外，我們什麼也不做。是的，這就是分析癱瘓。

在制定決策之前，過度思考的風險是顯而易見的：我們最終會像七歲的威爾一樣，既不能留，也不能走。但過度思考並不一定只在做決定之前發生，由完美主義驅動的過度思考，常在「假如……」和「事後質疑」兩者間擺盪。即使決定的時刻已經過去，但我們仍會專注在這個決定，分析自己當時應該要做什麼才對。

我們當中有多少人，曾因為不斷檢視自己當時說或做了什麼，而一直折磨自己？即使已把事情處理得很好，仍可能會聚焦在一件我們希望自己能用不同方式處理的事情上。雖然早已做了這個決定，還是不能將之拋在腦後。我們沒有權衡現有的選擇，據以做出決定，然後繼續前進，而是不斷回到決策過程，想知道自己是否做對了選擇，如果換一個不同的選擇是否為時已晚？

所有這些事後質疑都會耗費大量的時間和精力，徒增我們的壓力負荷，而且限制我們日後制定明智決策的能力。

分析癱瘓的解藥

當然，如果我們能夠輕易停止過度思考，我們早就停止了。我們需要可行的策略，來幫助我們克服分析癱瘓。

事實查核

當我們認為問題的理想答案就在某處時，表示有麻煩了。我們可能會誤以為最終能找到正確答案，但很少有所謂的正確答案，所以在找到解決方案之前，我們會不斷反覆考量，過度思考模式會以擔憂、懷疑和停滯的形式出現。

儘管追求答案或許有趣，但我們不能一直尋找完美的解決方案，因為它並不存在。現實中，很少只有一個正確答案，通常有很多好答案。

採取行動

要把自己從分析癱瘓中解救出來，你不需要更多訊息來輔助你決策，你需要的是採取行動。

我並不是說，非得要什麼偉大或勇敢的行動，儘管某些時候的確需要。即便只是向前邁出一小步，也能改變你的動力，足以讓你擺脫困境。你有很多選擇，在這本書中我們會有更多討論，包括邁出一小步、設定截止日期、列清單，或者諮詢朋友（他們的客觀性將幫助你走出自己的世界）。也許你只需要採取某個選項，或者讓別人幫你選擇。

「是的，」你說，「但如果我癱瘓了，該如何行動？」這是個好問題。你可能需要改變你的心態。

把完美主義踢到一邊

當我們粉刷客廳時，我父親的一席話讓我了解，完美主義非但沒有激勵我們做好工作，反而惹得我們不開心，使我們無法欣賞眼前的美好事物。我認真嘗試在牆壁和白色天花板的交匯處畫一條精準的綠直線，但我的線條有點歪，油漆成果沒有達到我期望的效果。他笑著說，這就是粉刷自己房子的問題所在，如果你不是粉刷房子的人，你就會對結果感到滿意了。「如果是別人粉刷的，你會覺得它看起來很棒，」他說。「但當你是油漆匠時，你會敏銳地意識到自己出錯的每一個地方。你可以在完成工作的同時，仍覺得自己把事情搞砸了。」

他是對的，我是做得很好，一旦我堅持把好結果與我腦海中的理想結果進行比較，我就會讓自己痛苦。完美主義使我們變得挑剔、緊張，而且通常沒人想待在我們身邊。此外，當我們心情不好的時候，更容易想太多，實在沒必要對自己太苛刻，因為所謂的好，不一定非得要完美。

允許自己失敗

若想要改善完美主義的心態，到底要怎麼做呢？解決辦法是允許自己失敗，失敗被定義為「任何不是絕對完美的事情」，當你真的失敗時，還要優雅生輝。

不管你喜不喜歡，失敗可以是具有教育啟發意義的。諷刺的是，有時我們把事情搞砸了，反而會比我們從不犯錯得到更好的結果。如果我們無法接受錯誤，就會錯過最快、最有效的學習方法。但是，「失敗」是一個可怕的字眼，尤其是對於像我這種正在康復的完美主義者來說。若要從失敗中學習，我們需要適應它，改變術語會有所幫助。我已學會說：「讓我們實驗看看吧！」因為這句話並不像「失敗」這個詞那樣讓我的五臟六腑繃緊。實驗是中性、客觀的，沒有那種讓人非得要做對事情，進而使人動彈不得的壓力。當我嘗試時，若有得到結果，就算是成功了，任何結果都可以。**目標是得到結果，而不是勝利。**

嘗試一下，看看會發生什麼事？

為了避免讓你以為，接受失敗是自我感覺良好，建議你採取「嘗試一下，看看會發生什麼事？」的方法。這不是軟弱或懶惰，而是常識。我先生曾在軟體開發部門工作，「最低可行性產品」（minimum viable product）是他們經常說的一個詞。軟體開發人員採用疊代法（iterative approach），以真實、有形，而非抽象的方式進行產品開發。他們從不試圖在第一次嘗試時就交付一個完美的產品，相反的，他們會想先建構一個不完善的產品，而且要快。當他們有東西可以使用時，很快就可以看出什麼可行、什麼不可行，交給用戶測試，並找出核心問題和可能的解決方案。創建一個不完美的產品，能幫助開發人員決定是否值得追求完美的版本。不是每件事都值得做到完美。

在實驗中並不存在「要麼做對，要麼再做一次」的問題，反而是「嘗試一下，看看會發生什麼事？」，或者「嘗試一下，然後再做一遍」，把你第一次學到的所有東西結合起來。這種疊代法使我們不必總覺得需要做對。**我們可以藉由嘗試一些事情，看看接下來會發生什麼，以迅速得到好消息，而不是坐等確定之後再採取行動。**不需要為正確的決定而苦惱，也很少會後悔，因為你需要的只是一個答案，而非勝利。

在我們繼續往下談的過程中，我將邀請你實驗這本書所提及的策略，既無痛苦，也沒有遺憾，確定哪些策略對你來說最有幫助，試試看，看看接下來會發生什麼。

害怕出錯，就很難採取行動

讓我用一個認識和克服分析癱瘓的低風險範例，來示範這個過程在現實生活中的樣貌。當我撰寫這段內文時，我原本覺得自己耗費太多篇幅在一個無關緊要的決定上，因為這正是過度思考劫持我的思維過程之絕佳演示，我還是決定寫出來。

十多年來，我的六口之家每年夏天都要到某個海岸沙灘度假一星期。我們喜歡這個假期，但從不喜歡去到那裡的過程，開車大約需要十一個小時，全程都關在休旅車裡，實在是太久了，所以我們總是一天內完成這段旅程，以為最好的辦法就是撐過去，一次就開到目的地。

但我和威爾也一直在想，如果我們把這次旅行分成兩部分，是不是就不會那麼痛苦了？出於我無法解釋的原因，我的孩子們喜歡飯店的游泳池和典型的智選假日酒店（Holiday Inn Express）提供的自助式早餐，不如我們先開到半路，在飯店過夜，第二天早上再開完剩下的路？

我們為此爭論了好幾年，確確實實是好幾年，也許有六、七年之久。每年夏天當啟程日期逼近時，就會重新考慮這個問題，考量所有選項，遲遲不肯拿定主意，最後要決定時，早已錯失機會。我們不確定新的嘗試是否正確，因而選擇不改變。

幾年前，我發現了疊代法的力量，並開始提升我的實驗心態。那一年，我們沒有爭論個沒完，也沒有再次列出贊成和反對清單，因為之前已經充分考慮過這個問題。我已過度思考這個問題多年，卻毫無自覺，這一次我意識到這是一種多慮，而且我知道該怎麼做了。

首先，我進行了事實查核。關於我們的兩難困境，並沒有一個完美的答案，兩種選擇都能讓我們到達海灘。

接著我就開始行動了。我詢問朋友的經歷，她經常將長途車程分成好幾天進行，然後我預定了飯店。

接下來，**我明確地允許自己失敗。**我先前之所以不想採取行動，是因為我害怕我們可能不喜歡新的方式，當你害怕出錯時，是很難有所行動的。當我意識到是這種不必要的恐懼阻礙了我，便覺得可以不受限制地前進了。

最後，由於我們考慮多年，這次決定嘗試一下，看看會發生什麼。可以把它當成一個實驗，如果更喜歡新的方式，那很好，假如不喜歡，至少會停止懷疑是否其他方法更好。我們無須更喜歡新的嘗試，也能認為這個小實驗是成功的。

最後，我們都更喜歡花兩天的時間去海灘，中途在飯店過夜，如果這個方案進展不順利（假如我們發誓再也不想這麼做了），也不會是一個錯誤，因為我們的目標是得到一個結果，而不是最好的體驗：不需要在未來幾年裡不斷質疑自己的決定。

你的人生會發生什麼事？

如果無法察覺自己過度思考的行為，就不可能克服它。只要我們倚賴鼓勵過度思考的決策方式，就會花很多時間反覆思量，一旦我們看清發生了什麼事，就可以開始改變。一開始感覺會像是場戰鬥（尤其是當我們窮盡一生都在分析事物的時候），但隨著時間過去，就會習慣了。

下一步

請用嶄新的視野，審視自己的行為。

1. 目前你在什麼情況之下，會出現分析癱瘓的跡象？

2. 你在哪些情況下，感覺到自己的完美主義在作祟？

3. 是什麼因素讓你卡住了？

4. 你可以實施哪些小實驗，好讓自己往前邁進？

第4章 決定最重要的事

「可不可以請你告訴我，從這裡該走哪條路好呢？」

「主要是看你想去哪裡。」貓說。

——路易斯．卡洛爾（Lewis Carroll）

我討厭坐飛機。每當我有機會（無論大或小）需要坐飛機去旅行時，我通常會反覆思考是否該去。我大多不會馬上答應，即使那是我真正想做的事情。搭機旅行所帶來的極度不適，總讓我忍住不答應。

朋友艾莉的旅行總令我感到驚訝。我上一次見到艾莉時，她正飽受時差折磨，因為她剛從泰國短暫旅行回來，花了三十個小時繞了半個地球，僅在陸地上待四天。我總是很好奇，究竟是什麼原因讓人們願意坐十三個小時的飛機？我不確定自己能否做到，覺得不管在另一端等待他們的是什麼，一定是非常值得的。

當時我和威爾正討論是否要進行一次長途旅行。我們考慮十二月去蘇格蘭旅行，雖然最長的飛行時間「只有」九個小時，但以我的標準來看，還是太長了。我見到艾莉時，我們已經猶豫了好一陣子。我想去，但我不想上飛機，因此遲遲未能下定決心答應。我知道我想太多了，因為我並沒有努力解決問題，而是被飛行的不愉快和時間安排的不便所困擾。雖然我沒有立刻拒絕這次旅行，但我需要一個令人信服的理由才能上飛機。我不知道如何處理這個決定。我怎麼知道這趟旅行是否值得？

此時艾莉已啟程去泰國。她以前經常因公出差，除非迫不得已，她實在並不想再離開這座城市，但她仍然答應這個繞了半個地球的費時耗力旅行，為什麼？

我告訴艾莉我是多麼討厭飛行，因此她的旅行為她帶來的麻煩讓我留下深刻的印象。「這個決定會很難嗎？」我問，期望得到肯定的回答。

「一點也不會，」她說。「當我得知這次旅行的時候，我根本不用想，我甚至沒聽到細節。我只是說：『好！我們走吧。』」

這怎麼可能？我不敢相信，但我知道艾莉不會輕易決定，她不是生性衝動的人，我被她的果斷打動，這與我反覆再三考慮國際旅行的情況完全不同，她究竟如何做到的？

我們的價值觀足以驅動決策

艾莉說這個選擇之所以容易，是因為她完全不需要考慮。很久以前，她做了一個決定，這個決定持續影響她往後進行的大大小小決定，泰國之行就是其中之一。

艾莉解釋，她今天的決定全然出自她的核心價值觀，**那些價值觀會指導她未來的決策**。她告訴我，她在一段受虐婚姻中生活了幾年，多虧強大的友誼和支持網絡的幫助，她終於找到出路。由於過往的經歷，今日艾莉開始為受虐婦女採取行動，以回報人們給予她的一切。每當她有機會為遭受剝削、忽視或虐待的婦女服務時，她都會打開支票簿，參與募款活動，與陌生人見面聊天，甚至答應前往地球另一邊。每當她受邀去支持、訓練，以及賦權那些被剝削、虐待或操縱的女性時，艾莉都會答應，即使她需要重新安排工作和規劃行程，或者所費不貲。

由於艾莉制定決策時，有自覺地仰賴這個既定的整體價值，因此不會為了如何安排時間、金錢和精力而傷腦筋。當出現的選項涉及遭剝削、忽視或虐待的女性時，她幾乎不需要考慮該怎麼做。同樣地，當我們對生活有了更廣闊的視野時，我們面臨的許多決定就會變得簡單，因為我們有一個可靠的框架可供決策。正因我們做了一個決定，也就是決定一個整體價值，就能將所有其他的決定視為整體的一部分，而不是無休止的一連串孤立的決定。**當一個決定涉及我們的價值觀時，就沒有什麼好考慮的，只要內在世界就緒，就可以朝著正確的方向前進。這個價值觀不只可以指導我們的大方向，也能指引我們的日常瑣事。**無論是去泰國或去雜貨店，我們的作為都可以自然地體現出我們是誰。

價值觀如何影響決策？

我們每天都要面臨無數的決定。有些很重要，例如飛越海洋。有些則是日常生活，例如選擇晚餐吃什麼。有些是不可避免的，有些則是我們自找的。所有這些決定都需要我們的關注，可以予以簡化，藉由找出對我們重要的事物，利用這種由價值觀驅動的方法來決策。我們的價值觀可以指引或大或小、長或短期的決策。

價值觀能使目標明確

當我開始訪問那些我欣賞其決策過程的人、那些我知道不會過度思考之人時，巧合的是，他們經常使用同一個詞：價值觀（values）或價值觀驅動（values-driven）。他們附和艾莉的說法，表示他們會根據自己是誰，以及關心的事物來做決定，這些價值觀可以使他們有明確目標，遠離紛紛擾擾的日常決策。

這裡有一個設定明確目標的實際例子。今年稍早，威爾和我需要為孩子從兩間好學校中做一選擇。我們很掙扎，該如何知道哪一間最適合呢？我問了我的朋友，她是一名退休教師。

「我不能告訴你該怎麼做，」她說，「但我知道我會如何制定決策。」當她猶豫不決時，她總是優先選擇離家近的那個，因為她希望生活盡可能扎根在她的社區。她想真正了解她的鄰居，不想通勤度日。所以當她在多個選項中選擇時，會挑選離家最近的選項，除非有令人信服的理由不這麼做。無論是重大決定，例如選擇上哪所學校；或是較小決定，例如去哪裡買菜、上美容院或參加讀書會，都是如此。她希望融入當地社區，她很樂意在搭車共乘時遇到鄰居，或者在雜貨店裡偶遇讀書會成員。

當我朋友描述社區對於她的整體價值時，我點點頭，意識到我和威爾也很重視這一點。事實上，我們幾年前就搬到現在的住處，因為新地點更符合我們的價值觀：一個更適合步行的社區，離我們經常走動的地方更近，在種族和社會經濟方面都更為多元。

當我的朋友描述她如何為孩子選擇學校時，我意識到我們共同的社區價值觀也可以做為我們選擇學校的指引，痛苦的選擇突然間變得容易許多。所以今年我兒子轉到一所新學校，離我們家只有幾個街區的距離。現在我們可以步行去學校，在社區看到學生家庭，或在圖書館偶遇他們。這個選擇對我們來說是正確的，因為它反映出我們所關心的事物。

價值觀會影響我們如何安排時間和金錢

當我們利用價值驅動的決策過程時，可以主動將擁有的資源，分配到最重要的事情上。在我的家庭裡，威爾和我很重視親臨現場這件事，以前並不是這樣子的，我們必須先察覺該價值觀的存在，並開始有意識地將之視為決策的依據。

幾年前，當我們受邀拜訪有段時間沒見的大學朋友時，開始慢慢地遵循這種價值觀。我們總說，相信人們能善用時間、金錢和精力，沒有任何事物能替代親臨現場。因此，為了持續實踐這一價值觀，我們知道我們應該去，儘管這次行程的時機點並不理想，我們的幾個孩子仍然需要尿布、午睡和早睡。有位朋友曾經這樣說：「**如果你在乎，你就會在那裡。如果你不在乎，你就不會出現。**」這段話並非是不可違背的規則，而是經驗法則。在這些年裡，當我們不得不做出艱難的選擇時，這段話就會突然出現在我們的腦海裡。

將「親臨現場」視為我們的整體價值，能讓這些選擇變得容易許多，而我們已習慣用這種方式做決定。我們出發去參加婚禮，而不是無止盡地爭論這趟旅程是否「值得」。最近為了參加一個頗為不便的家庭聚會，我們買了昂貴的機票，因為沒有什麼比親臨現場更好。當朋友邀請我們一同慶祝重要的家庭里程碑，但地點在幾百英里外時，我只花幾分鐘就決定。我們有辦法成行，所以我們去了。我們有時會去遙遠的地方與老友見面，不是為了婚禮或畢業典禮，只是為了能與大家聚在一起。這個價值觀也適用於我的工作，我總將拜訪作家朋友和同事視為優先要務，無論是在城裡或在全國各地，因為我從不後悔親自拜訪人們。

在體驗過親臨現場的重要性後，我們不僅在生命中的重要時刻現身，也會努力在不那麼重要的時刻出現。當我們所愛的人發生值得慶祝的大事時，我們會盡量與他們一同慶祝。當我們所愛的人受到傷害時，我們會盡力在他身旁給予支持，即便無法「修復」任何事情。如果你在乎，你就會在那裡。

我們無法百分之百奉行這個價值觀，因為無論我們多麼在乎，不可能永遠都能去到每個現場。有時候，費用會高得令人望而卻步，或者在交通上是不可能達成的，例如同一週末有兩個朋友在不同的城市舉辦婚禮。但我們會盡最大努力，而且通常會重新安排自己的行程，以便能看到那些對我們重要的人。凡有需要現身的場合，我們總是更希望親自到場。

價值觀可以形塑我們在乎哪些事

價值觀也會影響我們選擇要將什麼放在心上，例如我們在想什麼、選擇讀什麼書、關注什麼新聞、關心什麼議題。比方說，假如你希望成為一個無論在國家或地方層面都是見多識廣的公民，應該可以體現在你的生活中。你可以閱讀社區報紙來了解在地最新的事件，和鄰居聊聊當地發生的事情，或者訂閱一份你信任的報紙並定期閱讀，所有這些都是實現此一價值的方法。

我發現，當我把價值觀放在最優先的位置時，將更容易實現這樣的價值觀，而我最喜歡的實現方式之一，就是閱讀非小說類書籍。為了將我的注意力集中在我期望的地方，我會讀一些對我重要的內容。這個方法之所以有效，是因為當我越清楚自己的價值觀，我的行為就越容易展現出我是什麼樣的人。我很重視當一個事事在場、有同情心的家長，因而當我讀到一本關於人際關係的好書時，例如布芮尼·布朗（Brené Brown）的《脆弱的力量》（*Daring Greatly*），我就能心神領會。我很重視寫作技巧，因而當我閱讀一本好的寫作書籍時，例如約翰·麥克菲（John McPhee）的《第四版草稿》（*Draft No. 4*），我就能得到啟發，認真坐下來寫作，即使我並不喜歡。我很重視照顧好自己的身體，因而當我讀到有關營養和健身的書籍時，我便受到鼓舞，開始認真飲食和運動。

檢視我們的價值觀

我們的生活應該反映出我們是誰，以及我們在乎什麼。或許我們自認為知道該重視什麼，卻發現這些價值觀實際上並不會影響我們的決定，這種不一致性使得我們無法自然而然地決策。我們可能會說自己重視家庭，卻從不回家吃飯。我們可能會說自己關心慈善工作，卻未能付出任何時間、金錢或關注。我聽很多人說過他們認為閱讀很重要，沒有什麼可以阻止他們這麼做，但實際上他們並不閱讀。我們可能會說一件事，但實際上卻做了另一件事，那麼我們並沒有真正重視自己所說的。

為了確保我們的價值觀與實際生活相互一致，需要自問：「我的行為表現出我重視什麼？」來為自己進行「事實查核」。如果你不確定，請找朋友幫你以新的眼光看待你的行為，假如你不喜歡他們眼中所見，是時候調整了。

這裡有個最好的例子。我叔叔是個老菸槍，除了這個習慣之外，他自認為是個健康的人。他想戒菸想了好多年了。他是一名內科醫生，病人經常因為他吸菸而有所抱怨，當然，他知道自己應該戒菸，卻從來沒有採取行動。「也許某天吧，」他這麼告訴自己。

然後「某天」以一種平凡無奇的方式到來。他快遲到了，搭了電梯到他的樓層，衝過大廳來到辦公室，向他的護士打招呼。

「早安，」她說。「聽到你來了，我鬆了一口氣。」

他疑惑不解，問道：「你怎麼知道是我？」

現在換她困惑了；她認為答案再清楚不過，「我們總是知道你什麼時候出電梯，」她解釋道，「我們從這裡就能聽到大廳傳來你的咳嗽聲。」

我叔叔一直自認為是一個健康的人，當他意識到自己的員工認為他不健康時，他感到非常震驚。此一頓悟立刻讓他知道：必須改變。多年來光說不練，現在他突然戒菸了。我聽說戒菸很困難，但有一件關鍵的事情讓我叔叔的戒菸之旅變得容易得多：他想成為一個擁有健康生活方式的人。一旦他睜開眼睛，他就不能繼續當個老菸槍了，因為吸菸與這個價值觀相衝突。

就像我叔叔（意外地）所做的那樣，**你可以有目的地檢查你的行為與你的實際生活，是否彼此一致**。當我想了解自己的生活和價值觀是否同步時，我發現查看行事曆很有幫助，因為它能反映出那些我重視到足以實際計畫執行的事情。

威爾則更進一步。他決定要支持社區的藝術活動，他在我們的家庭 Google 日曆中添加了一個專門的藝術日曆，諸如簽書會、音樂會和圖書館活動，都在日曆上以紫色註記，如此就能一眼看出自己是否確實參與藝術活動。現在，當我們考慮是否要去書店參加一個免費的作家座談會，或在公園裡聽一場音樂會時，我們不會把它看作是一個如何度過週二晚上的一次性選擇。相反地，我們是根據自己的價值觀來決定。

就在上週，我們的藝術日曆顯示，早就計畫要參加當地一家圖書館分館的盛大重新開幕，這家圖書館對我們家來說意義重大，它就是我在《讀癮者的告解》（*I'd Rather Be Reading*）一書中提到的「隔壁的圖書館」。剪綵儀式是在一個繁忙的週間工作日，也是無論私人生活或工作行程都滿檔的季節。威爾和我真的不想花時間去，那天早上花了六十秒爭論著是否要略過這件事，好完成一些其他工作。真的會有人注意到我們沒出席嗎？然而，我們很重視支持社區藝術活動這件事，尤其是圖書館。這個分館及其工作人員對我們來說意義重大，我們很希望能給予關心之人和事業實際的支持。當時，我們鎮上的圖書館體系正面臨再一次預算削減，若能參加這次活動（以實際行動表示支持）則顯得相當重要，為了讓我們的價值觀和行動一致，我們顯然必須參加。

什麼事對你來說很重要？

你看重什麼？你想成為什麼樣的人？對你來說最重要的價值觀是什麼？你也許能立刻脫口而出幾個答案，這很好。我希望這一章能給你一些建議，幫助你發現自己目前的生活方式如何實踐這些價值觀，以及如何使自己的價值觀和決策更協調一致。

如果你因為不確定自己的重要價值觀而感到沮喪，請振作精神。你若沒有一個連貫的藍圖或遠景，也沒有關係。**你可以活出自己的價值觀，這是發現過程的一部分。**當艾莉確認了她的價值觀，她沒有立即跳上飛往泰國的飛機，而是先持續在她的社區活動。在我為了參加家庭聚會而飛越大半個美國之前，我只會先答應參加與朋友在街上喝咖啡的聚會。如果我們不習慣依靠價值觀來驅動決定，我們可能會在一開始感到猶豫，這沒有關係。經由不斷的練習，它將成為你的第二天性。

如果你正在努力找出你的價值觀，有個兩步驟的方法或許有用。首先，你可以檢視是否有未明確表達的價值觀正在影響你的決策過程。為了發現這些價值觀，請留意你如何安排時間、金錢、精力和注意力，因為我們傾向於把資源分配到對我們重要的事情上。當你這樣做的時候，你的價值觀開始顯現了嗎？假如是（而且是你所樂見的）的話，你就可以開始有意識地全然實踐這些價值觀。

其次，假如你不喜歡你呈現出來的價值觀，你可以確立新的價值觀。公認的核心價值觀是真實、誠實、善良、可靠和忠誠。當我請朋友說出他們認為不太常見的核心價值觀時，他們舉出諸如終身學習、友誼、古怪、幽默、冒險精神、晚上睡得好、勇於嘗試新事物，以及健康的生活方式等項目。**你的價值觀不一定要適用於所有人，但一定要適合你自己。**

在選擇和發掘新的價值觀時，若能想想你是誰、你想成為什麼樣的人，會讓答案更清晰。**你想要如何消磨你的時間？你關心什麼使命？你什麼時候曾感到快樂、驕傲或滿足？當時發生了什麼事？為什麼這些經歷如此有意義？**你可能一開始並不清楚答案，但直覺是你前進所需要的一切。記住，你要活出屬於自己的生活，即使你還不知道你正在走的這條路會通往哪裡，你仍然可以沿著這條路向前走。繼續前進，保持全神貫注。

經過不斷的深思熟慮和實踐，我們所有人都可以在做決定時發展出一套前後連貫的篩選標準。或許並不容易，但其實很簡單，因為一切從我們自身開始，亦即探索我們是誰，以及我們在乎什麼。

確立價值觀有助於制定決策

如今，當我難以決定時，我會自問：「我是否擁有制定決策的價值觀？」當答案是肯定的（通常都是如此），決定就容易得多了。

我們對於蘇格蘭之行猶豫不決，幾個月來，我對這次旅行想太多了，但當艾莉不知不覺地促使我從價值觀的角度來看待它時，我終於找到一個令人信服的理由登上飛機。實際上，是好幾個原因。威爾和我很重視一起體驗新事物，很在乎與所關心的人見面，還能在蘇格蘭與朋友們共度時光。我們珍視新的文學體驗，而我們受邀參加在蘇格蘭國家圖書之鄉舉辦的一場史詩級活動。我們很在意不要累積債務，我們有足夠的點數支付國際機票，這是目前為止旅行中最昂貴的部分，我們還預留了用於旅行的儲蓄來支付其餘旅費。

到目前為止，一切順利，但並沒有讓長途飛行變得更加可親。此時我想起一位導師曾告訴我的話：出於恐懼而做的決定，不是好的決定。我知道她是對的。因為害怕坐飛機而待在家裡，不只會讓所有人失望，也有違於「我是誰」，以及「我想成為何種人」的價值觀。

我們不再多慮，決定去旅行。怎能不去旅行呢？我們的價值觀壓倒性地指出，這個選擇對我們來說非常有意義。

下一步

1. 你看重什麼？

2. 你想成為什麼樣的人？

3. 對你來說最重要的價值觀是什麼？

4. 你想如何消磨你的時間？

5. 你關心什麼使命？

6. 你什麼時候曾感到快樂、驕傲或滿足？為什麼這些經歷如此有意義？

7. 你目前如何安排時間、金錢、精力和注意力？

8. 你想要確立新的價值觀？是什麼呢？

第5章 花時間去創造時間

最被低估的自我照顧形式，便是做一名負責任的成年人。是的，我是指量入為出、定期看牙醫、儲蓄、三餐定時、睡前洗臉、散步、煮飯、保持室內整潔，以及不熬夜等所有這些無聊的事情。例行公事會讓你的生活變得更好，而這絕對是最被忽視和低估的自我照顧形式。

——莎拉．貝西（Sarah Bessey）

還有三天就要開學，是時候把最後一個返校任務從清單上劃掉了。自從肝炎大爆發後，我們州的免疫接種要求有了變化，先前是選擇性的疫苗接種，現在成了強制性。就像許多學童一樣，我們孩子們早已注射過疫苗，但如果希望開學第一天能順利上學，則需要書面文件證明。

我下定決心，不能把這件事拖到最後一刻，早在七月份的定期體檢時，就從小兒科醫生那裡蒐集了必要的文件。免疫證明得來不易：預約時間很長，足足是平常預約醫生時間的三倍，我像拿獎品一樣緊握著文件走出診所。

我考慮過立即掃描表格，直接送到孩子們的學校，但那天和隔天都一樣，全城的預約時程已排滿，之後我們就出城去了。值得慶幸的是，學校在幾星期內都不需要這些文件。文書工作可以暫緩。

至少我是這麼認為的。

我們出城去旅行，而我完全忘了這回事。當我幾星期後想起來時，已找不到這些文件的蹤影。我在想威爾或許早處理好了，甚至可能已把文件送到學校去，於是記下來準備之後問他。但我一直拖延這件事，一天拖過一天，直到開學前，就在我們要上床睡覺的時候，我終於記起來要問威爾有關文件的事。他說他不知道在哪裡。突然間，我開始擔心起來。現在這個鬆散的尾巴就在我面前晃來晃去，我很擔心如果不處理好，我就睡不著覺了。

我確實睡不著，雖然早過了我的就寢時間，我還是翻遍房子找證明，一次又一次地檢查所有我能想到的每一個地方，仍遍尋不著。

當我翻找一個又一個房間時，我開始在腦子裡勾畫找不到文件該怎麼辦的情景，還得再回去看小兒科醫生嗎？他們需要三個工作日處理，而你必須親自到場。我開始計算更換新文件要花多少小時，如果真要換的話：在醫生辦公室一個小時，通勤來回四十分鐘。在開學第一天之前，有可能成功換到新文件嗎？如果我的孩子不能準時上學會怎麼樣？我的情境於是從「我的文件一團糟」，急速惡化成「我的整個生活一團糟」。

當我意識到自己在不停轉圈、為沒有意義的事浪費精力且心煩意亂時（畢竟，我當時正在寫這本書），我無法將自己從這個循環中抽離，或選擇不這樣做。但話又說回來，當你已經過了就寢時間，你就已陷入瘋狂，實在很難選擇什麼。

如果我沒有意識到自己想太多，我的外在行為也會顯現出來，就好像是我在發洩那些困住我的有害思考循環。我是真的在房內轉圈圈，在相同的地方尋找那些文件，每次尋找都讓我越感焦躁不安。我的思想和行為是重複、不健康且無益的，筋疲力盡，儘管我沒有完成任何事。

我們的習慣可否派上用場？

我們傾向於將過度思考視為發生在腦中的事，但過度思考是系統性的，無論在待辦事項清單上、在待洗衣服堆裡，或在日常習慣裡；無論是在心理或生理上，我們都能看到它的原因和證據。過度思考也與我們的行動有關，例如我的文件問題並非始於我意識到它不見的當下，而是當我開始延遲做一些必須做的事情時，它就開始了，我不只拖延了任務，還讓它變得更加複雜，這意味著我需要更多腦力，才能真正完成任務。

習慣可以為我們服務，也可以毀了我們，而我的習慣正在毀掉我。

當我們意識到自己忽視了身為負責任成年人的基本原則，會帶來多少麻煩時，這既令人沮喪，又讓人有點自主感。之所以令人沮喪，是因為即使我們不想要，卻也必須做這些基本又無聊的任務，例如保持書桌整潔以便能找到想要找的東西、擁有充足的睡眠，大腦才能正常工作，以及掃描好那些文件（雖然在當下並不覺得重要）。可能這些任務在當時感覺更像是浪費時間，看似並非明智之舉，但若我們能投注小小的心力，將能得到難以置信的回報。有自主感，則是因為這些習慣都在我們的掌控之中。**這些基本習慣至關重要，若能建立系統，以確保其順利運作，將會對我們的心理健康產生深遠的影響。**當我們建立正確的習慣，身體力行，就能在過度思考開始之前先行停止，因為需要做的事情實際上早已完成，不會浪費一個小時，在屋內狂找我們早該處理好的東西。

造成我們困擾的往往都是這些習慣，才會意識到它們的重要性。我有一位平常都很有條理的朋友，在去年夏天遺失了信用卡一個星期，最後在錢包裡找到了，因為她在結帳時沒有多花三秒鐘把它放回原本的夾層。當你花時間尋找信用卡時，這就是你對待生活的態度，你難道不想做些更有趣的事情嗎？

完成循環

就在昨天，我花了半個小時找一本我在讀書會討論時需要用到的平裝書。我們的書放得滿屋子都是，我的辦公室、圖書館、孩子們的房間、地下室，我們喜歡這樣，床頭櫃和咖啡桌上會擺放最近的讀物。我們自有一套系統，而且這個系統是有效的，前提是我看完書後必須放回書架上。

但有時我會忘了物歸原位。我經常在週間工作日結束時，趕著寫完一篇文學部落格文章，或者在我衝出門去接孩子放學之前，把握時間拍攝一組魔術光（golden-hour，譯按：

攝影用語，意指在日落之前或日出之後的一段時間，此時天色光彩如魔術幻化）照片。在這樣的時刻，把幾本書放在離它們應該放的地方有兩個房間之遠，似乎不是什麼大不了的事。我都會告訴自己，回家後再去把書拿回來放，可是往往回到家後，我就忘了。同樣的情況持續一個月左右，整個系統就會崩潰，讓我很難找到要找的東西。當我真正需要某本書的時候，已遍尋不著。

為了讓房子井然有序，也為了讓自己不受實體空間干擾，我經常會複述一個簡單的金句：「完成循環」①，這基本上是類似「完成你開始的事情」的花哨說法。一位我的部落格讀者表示，她稱此為「讓球穿過籃框」②。她說，「我們都很擅長讓球接近籃框，但只有穿過籃框才會獲得回報。」其他讀者也分享類似的有用金句，諸如「只做一次」、「一旦做了，就要完成它」，以及「執行下一步」等。

「完成循環」這句短語最能引起我的共鳴。我每天都會開啟一些循環，你也是如此，你現在可能正在進行某些循環。一般來說，當我們完成這些循環時，我們會更快樂，也更有條理，這意味著我們以還算快的方式，完成了我們起步的事情。

完成循環的好處顯而易見。當我們中斷了原本著手的事情時，就會弄丟重要的文件。我們的衣服可能是乾淨的，卻在烘乾機的底部被弄皺了，或者更糟的是，掛在衣櫥裡卻皺得無法穿。只有把昨天的平底鍋洗乾淨，我們才能做今天的早餐。

當我們迅速完成循環時，便能繞過各種原本可以避免的最後一刻緊急情況。以我們一家為例，大約二〇一六年二月份便已完成所有的稅務文件，還為了提前兩個月完成而感到自豪。我們覺得一切都已安排妥當，因為最困難的部分已經結束了，但在四月十五日，我們卻瘋狂地尋找支票簿，然後駕車穿過整座城市，到唯一能午夜收件的郵局，因為儘管我們完成了最難的部分，卻沒有進行最後一步：將表格和付款寄出。那天晚上，我們都在咒罵自己沒有完成循環。

完成循環並非永遠那麼神奇，但它的好處是真實的，即使並不明顯。開啟循環會消耗精神能量、占據大腦空間，並乞求我們密切關注，將其視為「正在進行的工作」。**當太多的循環同時開啟時，我們的大腦會感到焦慮，因為維持這些循環需要能量，會造成大腦的混亂。**我們會使用腦力和有限的工作記憶，來讓自己不要忘記這些循環。不妨想像成電腦的記憶體，可用的隨機存取記憶體（RAM）越多，機器運行就會越順暢。**每當結束一個循環時，我們就少了一件需要關注的事情，如此便能專注於手上的任務。**

你可以在各種實例中運用這個完成循環的基本習慣，讓你自己不受干擾，以下是一些可行的實例：

- 當收信進屋後，馬上進行信件分類。
- 收到帳單就直接付清。
- 一回到家，就把鑰匙放在指定的地方。
- 把重要文件堆到桌上之前，先行歸檔。
- 從超市回家後，先把肉放在冰箱裡。
- 把髒碗盤放在洗碗機裡，而不是放在桌子上。
- 一進門就把外套掛起來。
- 出門辦完雜事後，把環保袋放回後車箱。
- 當家裡的瓶瓶罐罐喝完或用完時，在購物清單上加上辣椒醬。
- 在衣服起皺之前折好，然後歸位。

清除雜亂

我們傾向於認為，過度思考只發生在大腦中，其實它也與我們的實體空間密切相關。

清除雜亂是在開始過度思考之前，先行停止的關鍵方法。我們可以避免浪費時間和精力尋找鑰匙，以及避免經常伴隨這種情況發生的終身崩潰。

雜亂對大腦功能有害，因此整潔的檯面對內心平靜有很大幫助。如果重要的文件被埋在一片被隨手丟棄的咖啡杯、透明膠帶，以及其他雜物（這些東西往往堆疊在廚房的櫃檯上）充斥的汪洋中，它們很容易就會被遺忘。

你不需要非得住在生活風格雜誌裡，才能享受整理、清潔的好處。如果你完成了你的循環，你的空間可能會看起來更整潔，但整潔本身並不是重點，**藉由簡化你的空間，你可以簡化你的思考過程，如此你的大腦就不用那麼費力照料生活中的細節。**關鍵是要維持一定程度的組織性，讓你在需要時就能找到東西。

我很容易因凌亂的空間而不知所措（儘管我的標準確實很低，我已經決定書架不歸類於雜亂的範疇）。以下幾個小技巧能幫助我掌握失控的局面：

- 當我找不到東西時，就意味著我該打掃了。我幾乎都能在這個清理的過程中，找到想要找的東西，而且有目標的去尋找能讓我免於心煩意亂（再說，當我找到我的鑰匙時，我的空間功能也變得好很多，因為它更整潔了）。

- 當我被混亂的狀態打敗時，我會劃分出一塊淨空區域。在我的辦公室裡，這會是我的桌子。在廚房裡，是中島。在我的臥室裡，則是床。
- 當我有了一個淨空區域後，我會從左到右進行整理。我是從一部反烏托邦文學小說中學到這個技巧[③]，它真的很管用。我沒有糾結在如何處理這個混亂的空間，而是直接進入行動階段。我的進步顯而易見。

雜亂，顧名思義，會讓我們從關鍵事物上分心，因而更難專注於重要的事情。這對容易過度思考之人的影響，要比其他人來得更大。我一直很喜歡蘇珊．平斯基（Susan C. Pinsky）的書《過動症患者的解決方案》（*Organizing Solutions for People with ADHD*），儘管嚴格來說我並不是她的目標讀者。她說，對於那些覺得雜亂特別讓人分心的人而言，簡單比漂亮更重要，實用比成功更重要，而雜亂則是萬萬不能接受的。當我們無法掌控自己的東西時，將會付出額外的努力、時間、壓力和金錢。我們擁有的越少，就越容易保持井然有序。正如平斯基所說：「提高效率最直接的途徑，就是減量。」[④]

不要重複做工

節約精神能量意味著不要重複處理相同的事務。如果你能做一次就好，接著重複享受其益處，那就去做。記住，不要重複做工！

例如，每次旅行，我都會使用相同的打包清單（這是別人為我準備的，我們將在第九章討論這個策略）。在有這份清單之前，我對忘記東西會感到焦慮，可能是因為我經常忘東忘西。

現在我的打包清單記下我過去常常忘記的東西：牙刷、睫毛膏、薄荷糖、書籍活動的貼紙。我只需要打包行李時在清單上打勾，不用擔心漏掉必需品，因為事實證明，我的清單是可靠的。

照顧好身體

說到過度思考，我們的身體扮演著重要角色。過度思考並不完全發生在大腦空間內，

任何防止過度思考的計畫，都必須考慮到我們的身體發生了什麼，因為當我們照顧自己身

體時，同時也在照顧大腦。

當面對一個像過度思考這樣複雜的問題時，把注意力集中在這些身體基礎運作似乎有點愚蠢，荷蘭精神病學家暨研究員貝塞爾・范德寇（Bessel van der Kolk）稱之為「身體的基本家務功能」（basic housekeeping functions of the body）[5]，但這麼想就錯了。范德寇著有一本引人入勝的書《心靈的傷，身體會記住》（*The Body Keeps the Score*）[6]，講述創傷經歷如何在我們的大腦、思想和身體中顯現。在這本書中，他一次又一次提及，照顧我們身體的基本需求非常重要。他寫道：「呼吸、進食、睡覺、大小便是如此基本，以至於當我們考慮思想和行為的複雜性時，它們的重要性很容易被忽視。」[7]過度思考是有風險的，因為身體的運作與大腦的運作緊密相連。

根據我自己的九一一經歷，我做的第一件事就是戒掉咖啡因，因為我焦慮的大腦和超負荷的身體不需要額外的刺激。飢餓時發脾氣或在半夜想太多睡不著的人，都曾體驗過大腦和身體之間的聯繫。我在疫苗接種卡這件事上失去理智的一個原因，就是我太累了。半夜是過度思考的最佳溫床，這不是沒有原因的，因為我們睏了！**當我們充分休息、注意力集中時，不會做一些愚蠢的事情，例如強迫性地查看手機；但當我們累了或心煩意亂的時候，就會這麼做。精力充沛的人不太可能走彎路。**

《幸福的化學作用》一書作者艾蒙斯博士（Dr. Emmons）認為，睡眠、運動和飲食是「恢復力的根本」（roots of resilience），我們即使在面臨壓力和失去的當下，也能保持平靜和情緒穩定。艾蒙斯寫道：「如果某件事對身體其他部位有害，它也會對大腦有害。」[8] 反之亦然。這些策略不僅有利於我們的身體健康，也會使我們的大腦健康，提高精神和注意力。精力充沛和專注的大腦，就不會是過度思考的大腦。

缺乏運動與過度思考直接相關。關於運動，艾蒙斯寫道：「想像有一種藥物，它很便宜，適當使用時沒有負面影響，能幫助每個使用者預防大多數慢性疾病、減緩衰老過程、改善睡眠、減輕壓力、保護大腦、提升情緒、增強自尊，甚至增進性生活，它會比百憂解更受歡迎！」[9] 這種藥就是運動，艾蒙斯毫不諱言：「能源經濟學就像好的投資：明智地使用，將會越用越多。」你最好的投資就是定期運動，這不只能保護細胞，還能使之成為更好的能量生產者。」[10]

我們不需要將之複雜化。雖然某些情況下可能需要更精確的處方，也許需要醫生的參與，但我們大多數人不必為照顧身體想太多。不久前，當我去看醫生進行年度體檢時，我就明白了這一點。當我跟醫生說，我很擔心我的家族病史時，她的指示簡單到讓我笑出聲來。「你看起來身體很好，」她說。「我都會告訴我的病人要做四件事：每天至少散步二十分鐘，獲得充足的睡眠，吃真正的食物，以及多喝水。」

「就這樣？」我問。

「就這樣，」她說。「我們可以花一整天來討論關於如何微調細節，但若你不從這些基本功夫下手，談再多都沒有意義。」

說得夠多了。

有意識的休息

思考是件吃力的工作。當我們精神上獲得休息和恢復時，則更容易讓思緒維持在正軌。我們不是因為睏了才感到疲倦，光是保持一整天精神集中就足以耗費我們的能量。**由於疲勞的大腦，很容易變成過度思考的大腦，因此我們不只是在晚上，其實整天都需要在精神上獲得休息。**

不管我們在思考什麼，有效思考的時間都是有限的。這就是為什麼我們在正常生活的過程中都會休息，十分鐘、幾個小時，有時連續個幾天，所以若要聰明處理思考這件事，就要定期給予自己能恢復精力的休息。要小心生產力專家蘿拉·范德康所說的「假休息」

（fake breaks）[11]，也就是我們為了填滿休息時間而無意識養成的習慣，例如查收電子郵件或滑Instagram動態，這些都是有問題的，因為我們需要時間來刷新自己，而不是我們的收件匣。

當我們沒有精神時，此時身體和大腦需要真正的休息，例如坐著喝杯好咖啡，或是在午休時間溜去書店晃晃，或者，當你真的感到喘不過氣時，靜靜地坐下來看雲幾分鐘。關於「有意識休息」的好處[12]，范德康寫道：「午休時散步三十分鐘……將讓你的頭腦清醒，並讓你在下午其餘時間裡集中精力，這意味著你不會因為大腦很混亂而連續閱讀同一封郵件六次，或被困在加班裡，做一些你還沒有完成的工作。」

當我們精神疲憊時，過度思考就會悄然而至，因為我們筋疲力盡的大腦已無力抵抗。這就是為什麼我喜歡在在工作日時，工作一個半到兩個小時之後，來個短暫休息。我經常繞著街區快速走一圈，並稱之為「心理健康休息」，這聽起來可能像個笑話，但真的不是。以下是我會在休息時間進行的事：

◆ 閱讀小說的一個章節（儘管身為一個以閱讀為生的人，我需要確保自己所選的是一本感覺不像工作的書）。

- 翻翻烹飪書或園藝書。
- 去拿郵件，和鄰居們聊天。
- 打電話關心朋友。
- 短跑。
- 跟著 YouTube 上的五分鐘瑜伽影片做運動。
- 一個人散步，不戴耳機。
- 在門廊的鞦韆上坐幾分鐘。
- 去附近的書店瀏覽群書。

休息聽起來很簡單，但當我們認為簡單並不代表有效時，便是開始過度複雜化和想太多的時候，這個的策略不需要太過複雜，也能充分發揮作用。

擺脫舊有的方法

當我被疫苗卡嚇壞的時候，本章提供的任何策略都會對我有幫助。如果我在拿到文件的那天能收整齊，就不會去想它們在哪兒了。如果我立刻掃描並發送到學校來完成這個循環，這件任務早就完成了。如果我的桌子和櫃台能更整潔，我就不會認為這些文件一定在其中某個地方。如果我直接上床睡覺，把這件事留到隔天早上，便能節省自己一個小時的痛苦，並且可以在精神飽滿、充分休息後的隔一天來處理。

但我當時的做法卻是為自己的無能大哭一場，讀了床頭櫃上一本正在讀的小說後，很快就睡著了。第二天早上醒來時，我為前一晚的失控感到有些尷尬，但我有了嶄新的思路。我以為我最後一次看到這些文件是在房子裡，但它們有可能在車上嗎？我走到外頭，還穿著睡褲，在我原本遺落它們的地方找到了：就在駕駛座旁邊的角落，還有點皺巴巴的，因為一個多月來，我每次上車都把包包放在上面。

說到過度思考，你會覺得自己無能為力，那是因為你不知道該怎麼做。本章提及的內容都是你可以養成的簡單習慣，讓你擺脫這種思考模式。它們聽起來很簡單，因為確實很簡單，但不要低估其影響力。將你的文件分類放好；把早餐用過的盤子放在洗碗槽裡；今天就來處理這些表單。因為有了這些正確的習慣，你就可以在過度思考開始之前，先行停止。

下一步

1. 目前有哪些習慣對你很有用？哪些習慣需要改進？

2. 你現在參與的哪些循環，有助於你及時完成任務？

3. 雜亂是否讓你無法專注在重要的事情上？如果會，是哪裡雜亂呢？

4. 你能確認任何你可以一次完成的任務，並重複享受好處，就像我的打包清單嗎？如果有的話，是什麼？

5. 說到照顧好自己的身體，你目前做得如何？

6. 關於睡眠、營養和運動，你想做些什麼改變（如果有的話）？

7. 關於真正的休息，你最喜歡的方式是什麼？你想嘗試什麼新的休息方法？

第二部

照顧你的心靈花園

第6章 加速向前

親愛的，有許多次，思考使我傷心，但是在我一生中卻從來沒有行動過……我的訓誡是：「『我的姐妹，做點什麼吧！如果你有辦法採取行動的話，做點事對你是好的；但無論如何，還是做點什麼吧！』」

——伊莉莎白・蓋斯凱爾（Elizabeth Gaskell）

我這輩子騎過唯一的一次摩托車，是在我上大學的時候。我不認為自己是那種愛冒險的人，我從未想過，也沒打算騎摩托車，但我需要有人載我去機場，而像我這樣的新生是不允許在校園裡開車的，卻能騎摩托車。我的朋友盧克對任何可以騎摩托車兜風的藉口都心存感激，因此欣然接受這個半小時車程的機會。

那天來臨時，我告訴盧克我是個緊張的新手，問他看在我的份上，起步能不能慢一點。

他笑了。「對不起，」他說，「但不行。」

我知道他愛他的摩托車，但不免覺得他也太沒禮貌了吧。「好喔，真謝謝你啊，」我說。

「相信我，」他說，「這樣比較好。如果我們騎得慢，就會搖晃。你得加速才能騎得穩。就像你小時候學騎腳踏車一樣。一開始你可能會覺得不舒服，但當我們踩下油門開始動起來時，你就會感覺好多了。」

他是對的，一開始的幾秒鐘有些搖晃，但在此之後，我很享受我們舒適、平穩的旅程。

當時我從來沒有預料到，在接下來的幾年裡，我會多麼頻繁地想起那次騎摩托車的經歷。你可能以為，每當我看到兩個大學生騎著摩托車時，就會想起盧克和那輛車，那你就錯了。不，當我緩慢、小心翼翼做決定時，我都會想到那次的經驗，我看到自己在顫抖，

那天早上騎車的記憶促使我問自己，**如果我能加快速度，會不會更好？**

等待時機就是浪費時間

我們都想在生活中制定正確的決策。在面臨重大決定時，我們可能會自動放慢速度，因為想確保自己認真看待該決定。正如我在第一章指出，有目的的等待有其重要性，有時需要緩慢而有條理的決定。如果你正在盤算如何應對難相處的家庭成員、是否該重返校園，或者是否有能力買得起房子，時機可能正是你所需要的。

但在某種程度上，等待時機就成了浪費時間之舉。我們認為緩慢行事會有助於我們，但可能會花太多時間考慮所有的選擇，從而陷入分析癱瘓。**我們需要記住，重要的事情不代表過程中的每個步驟都要緩慢。有時候，做一個決定不需要再多想，一旦過了這個界限，我們就想太多了。**我們不需要一直考慮，而是需要加快速度，也就是說：決定，並且採取行動。

有時候我們很容易區分有目的的思考和過度思考，其他時候則需要一段時間才能意識到發生了什麼，但是經由練習就能更加了解，慢下來是一種阻礙，而非幫助，並且學會如何應對。

以下是一些訊號，告訴你該是時候往前進了。

警訊1：試圖在幾個選擇中找到「正確答案」

在兩個好的選擇之間做出選擇，聽起來是絕佳的處境，但其實出人意料地困難，因為**可能沒有「正確的」答案，也沒有明確的方法來決定**。我們的本能可能是慢下來，直到正確答案變得清晰，但這樣做有其風險，一不小心的話，可能直接陷入分析癱瘓。當我們面臨兩個好的選擇時，不需要更多時間，而是需要繼續往前進。

最近，我的朋友克萊兒為了做一個重大的決定而放慢速度，結果卻事與願違，直到她意識到發生了什麼，才加快速度。克萊兒有一個殺手級的超完美履歷：她是 Twitter 早期員工，對新創企業瞭若指掌，多年來一直成功經營自己的企業。她和我定期會與一群同樣是企業主的女性聚會，討論彼此在工作中面臨的問題，並分享關於如何處理這些問題的想法和策略。

在一個漫長的夏天裡，我們聽克萊兒談及她會面臨的公司重大決策。她最終決定，下一步是聘請一位顧問，找人幫助她用新的眼光評估自己的工作，並決定如何前進。她做了研究，四處詢問，把選擇範圍縮小到兩位很有實力的候選人，他們都很有能力，易於交談，且都有人強力背書。現在是時候從中選一個了。

這對克萊兒來說是個重大決定，我們每個人都能看到：她對這件事已經考慮得夠多了，她需要決定，因為在她決策之前，她的摩托車會搖晃。

所以在我們的下一次會議，我們請她擲硬幣決定。好吧。正面選顧問A，背面選顧問B。

她擲了硬幣，聘請了她的顧問（事實上，當硬幣出現正面時，克萊兒意識到她一直希望是反面的，所以她聘請另一名顧問，但她終究做了選擇）。

如果我們意識到自己在兩個正確的選擇之間爭論，其實只需要選擇其中一個，因為在我們這樣做之前，會一直糾結如何抉擇，因而拖延著未能繼續前進。

警訊2：當你知道該做什麼，卻拖拖拉拉時……

當我開始更常關注自己過度思考的模式時，我注意到令人驚訝的事情，我曾以為，當我不知道該做什麼時，就會屈服於過度思考，但事實往往並非如此。**有時我只是假裝不知道該怎麼做，因為我並不想那樣做**（假如你曾半夜在床上花了二十分鐘翻來覆去，只為考慮是否該起身去洗手間，你就會知道我在說什麼）。

無論問題或大或小，如果我們不喜歡這個問題的答案，我們可能會忍不住繼續尋找一個更好的答案，即使更好的答案並不存在。我們不喜歡這個答案，可能因為我們覺得自己很懶，或是答案不完美，又或者我們擔心自己看起來很蠢，但這不代表這個答案不適切，一旦有了答案在手，就必須堅持到底完成它。

我們剛剛討論了，堅持在兩個好的選項中擇一，會導致我們想太多。有趣的是，面對兩個令人不快的選擇時，情況也是如此，在這兩種情況下，我們都需要採取行動，才能繼續往前進。

去年出差時，我住在一間時尚精品飯店，比我平時的住宿等級高出了幾級。簡單但奢華，客房服務菜單上有苦艾酒，牆上掛著古董黑膠唱片封面，吧台推車上放置復古的留聲機音箱。

床很舒服，枕頭柔軟，遮光窗簾很有效。然而，當我在午夜躺下睡覺時，我意識到整個房間都在隨著深沉的低音節拍振動，雖然我聽不到音樂，但我能感覺到。

我對自己說，我太累了，這實在無關緊要，我馬上就會睡著了。

但是我沒有，我翻來覆去，接著使出慣用的伎倆：我起床洗了臉、拍鬆枕頭、下載一個白噪音應用軟體，試聽海洋環境背景音和柔和的雨聲，但都沒用。

我想我應該要打電話給櫃台，但我不想當個抱怨鬼，我也不確定他們能否幫上忙。我不知道音樂是從哪裡來的，而且聲音也不大。我處於要睡不睡的狀態，這很容易讓我想太多，我一直告訴自己，我隨時都會睡著。

時間一分一秒過去，我卻越來越睡不著，緊張著即將到來的電話叫醒服務。我知道我需要做什麼，我就是不想做。但是，最後，我拿起電話，把我目前所知的一切都告訴櫃檯人員：「我在610號房，有一個持續不停的低音節拍，我不知道它是從哪裡來的，但它若不停止，我就無法入睡。」

飯店服務人員向我道歉，並說會派保全去處理。我懷疑他們能做什麼。但三分鐘後，它停了。

我簡直不敢相信修理的速度如此之快，同時也對自己幾個小時前沒有打電話而感到惱火，但也只生氣一分鐘，因為一旦我的房間停止振動，我就馬上睡著了。

這個理想的結果（儘管晚了兩個小時）讓我對未來的旅行採用了「如果—那麼就」（if-then）規則：「如果有疑問，那麼就打電話給櫃台。」尋求幫助的好處遠遠大於壞處，儘管此舉並不總是那麼有效。幾個月後，我打電話給另一家飯店的櫃台，因為前後有兩組喝醉的陌生人在凌晨一點過後經過我的房間，還大聲唱著歌。「很抱歉，我們今晚有很多場婚禮派對。」經理在電話中如此告訴我。雖然仍難以入睡，但我沒有折磨自己，想著是否應該採取行動（當然，除了想辦法找到我的耳塞之外）。

再舉一個更常見的例子，我對購物的厭惡有時會給我帶來麻煩。我不喜歡買衣服，總是能免則免，因此即使我知道自己需要購物，也會一直遲遲不想決定在什麼時候、到哪裡購物，以及究竟要買什麼。但在某種程度上，如果我所有牛仔褲都穿破了，我就需要買新的。我的延遲策略或許暫時奏效，但也讓我把太多注意力花在我討厭的事情上。

當我們延遲去做不想做的事情時，專注在不愉快事情的時間，就會遠超過原本所需的時間。只要我們還在思考盤算這個問題，就會產生負面情緒。如果我們害怕某件事，可以藉由盡早處理，來幫助自己擺脫這件事。如果我們對於一些自己確實能做的事情想太多，此時最好的方法就是加速往前進，盡快採取行動。

警訊3：當你很想自責時

有時我們慢下來了，是因為儘管外部看來已經往前進，但在精神或情感上卻停滯不前，似乎我們是加速了，但其實內心仍搖擺不定。

舉個例子，一個六月的星期五，出現讓我措手不及的問題。在我週間的生活節奏中，週五通常較為平靜，但當天卻是一個接著一個令人耗費精力的會議。事實上，整個星期都忙瘋了，我實在累壞了，很期待接下來的晚間計畫，這是我們第一次邀請熟識的朋友來家裡吃晚飯，我希望客人都能感到輕鬆，因而早已對此預作規劃。家裡已打掃得很乾淨，我也備好了一頓便餐的食材。我們的客人是素食主義者，所以我決定好好利用鄰居菜園裡過剩的蔬菜，做義大利麵南瓜加玉米餅。當我第一次看到《迷戀廚房》（*Smitten Kitchen*）的食譜時[1]，我還抱持懷疑的態度，但許多年過去，在許多頓晚餐之後，素食玉米餅已成為我肉食家庭的最愛，也是我經常為客人做的一道菜。

我下午的最後一個會議開得太久，已過了開始準備晚飯的時間。我比較習慣烤意大利麵南瓜來製作墨西哥玉米夾餅，但是烤箱太熱打不開，於是我改用微波爐。當我準備要煮南瓜時，先用削皮刀在南瓜上刺上小孔，以便烹煮時釋放出蒸汽，這時我注意到它是多麼的漂亮，淡淡的黃綠色，有著柔和的條紋，比雜貨店裡的黃色南瓜好看多了。

在微波爐裡，南瓜像往常一樣嘶嘶地蒸著，半個小時之後，理應差不多要熟了，我卻驚訝地看到南瓜浸在一個大水坑裡，真奇怪，當我把它拿出來，輕輕地切開時，我意識到我花了半個小時在微波爐裡加熱一個南瓜。

「我真是個白痴，」我對丈夫說。「我不敢相信我做了這麼蠢的事。偏偏是在今天！」

「嘿，」威爾說，「沒事的，發脾氣只會讓你感覺更糟糕，你不用老是想著這件事，這沒什麼大不了的，而且還蠻有趣的，對吧？」

他是對的。我是說，誰會用微波爐加熱南瓜啊？當我試圖進一步自責、沉緬於自己出錯時，對任何人都沒有好處，尤其是對我自己。有時，我們可以藉由精準評估到底出了什麼問題而獲益，以便下次能做得更好，但沒有必要這樣做，這種情況不會再發生了。**我不需要沉溺於自己錯誤；我需要放下憤怒，繼續生活。**

我把注意力轉移到需要做的事情上。顯然，我沒時間去研究我的選項，我們需要晚餐，其實吃什麼都無所謂。威爾出門去接孩子們，我要負責晚餐。我打開食品櫃，尋找另一種素食選擇，但這比我想像的困難一點。我想過要訂披薩，可是我們已承諾了要提供墨西哥玉米夾餅，情況似乎也不算糟，最不傷腦筋的選擇是繼續做玉米餅，儘管這意味著得去雜貨店一趟，我抓起鑰匙朝門口走去，厭煩至極。

笑可以緩解任何情況，所以在去雜貨店的路上，我打電話給一個朋友，告訴她我所做的一切，她歇斯底里地笑了，這幫助我脫離當下的情緒，恢復正常。二十分鐘後（比我想像的要快得多），我拿著一個香蕉黃的義大利麵南瓜回來了，它和我用微波爐加熱過的南瓜只有一點相似（我還多買了些起司和餅乾，因為晚餐不會太快準備好）。

朋友到達時，我們請他們進門，倒了酒，請大家到餐廳。我們拿出薯片、酪梨醬，以及比原計畫更多的起司拼盤，玉米餅做好後，端上桌供大家享用。那是一個美好的夜晚，晚餐上桌後，我把廚房裡發生的蠢事告訴朋友們時，大家都大笑起來。

當我們知道自己需要往前進時，就必須用盡全力，用行動和思想去實行。如果我們不停的思考、衡量，就會走向消極的方向，沒人有時間或腦力這麼做。

不要沉溺，不要搖擺，繼續前進。

下一步

1. 你能想起你在面臨抉擇時「搖擺不定」的時候嗎？如果你加速的話，情況會有什麼不同呢？

2. 你曾遇過必須在兩個好的選擇中擇一的時候？你最終如何決定的？你現在正在兩個好的選擇中做決定嗎？

3. 你能想出一個你明知該做什麼，卻不想做的時刻嗎？那是怎樣的經歷？你是如何往前進的？

4. 當你犯了小錯時，你是否會忍不住自責？你會不停反覆思考到底哪裡出了問題？花點時間想想你該怎麼做，以及該怎麼告訴自己，以便下次想自責時可派上用場。

第7章 別讓你的想法成為你的敵人

好事或壞事皆源於一己之念。

——威廉·莎士比亞（William Shakespeare）

「告訴我你吃什麼，我就能告訴你，你是什麼樣的人，」法國美食家布里亞·薩瓦蘭（Jean Anthelme Brillat-Savarin）曾如此寫道[①]。嗯，說到你的思想，你就是你想的那個人。我們的生活反映了自身持續不斷思考的事物。我們選擇把注意力放在何處，會直接影響自己體驗周遭世界的方式，以及會成為什麼樣的人。正如溫妮佛德·葛拉格在其優秀著作*Rapt*（暫譯：全神貫注）中所寫的：「你的生活是你所關注（及不關注）的創造物。」[②]葛拉格的觀察得來不易。此書從某種癌症診斷開始，這種癌症是「特別惡性，相當晚期的類型」[3]，但在離開醫院時，葛拉格有了個頓悟。在治療期間，疾病很容易占據她的注意力，但她可以選擇專注於自己的生活，雖然那一年不是她人生中最美好的一年，卻也不是最糟糕的一年。這就是專注的力量。

我們用思想創造了自己的世界。這就是為什麼兩個人可用截然不同的方式體驗同樣的事情。上高中的時候，我和一個朋友在同一學期減掉了十磅（其實我們並不需要減肥）。我們一起鍛鍊身體，但其中一人專注於外表，而另一人則專注於讓健康狀態變好，而且，並非巧合的是，我們其中一人在此過程中變得暴躁和挑剔，而另一個人則變得冷靜和自信（我不會告訴你誰是誰，這會讓我難看）。我們的行為或許從外在來看是一樣的，但我們的經歷卻相當不同，這是因為我們選擇聚焦之處不同。

我們所關注的事物不只影響內心體驗，那些想法也不只是停留在腦海中，而是會直接影響自身的感受，思想和情感無法分離。我們不能單單選擇感到快樂、放鬆、興奮或平和，因為情緒根植於思想。這些發生在我們身上的事情，經常是無法控制的，但如何看待發生之事，則往往決定了我們的感受，進而決定了我們的行動。

由於想法會影響我們的感受和行動，因此如何想則至關重要。當我們培養積極正向的思想時，則感覺良好，當我們孕育消極負面的想法時，則感覺糟糕。思想的性質不只直接影響我們的體驗，而且也影響生活品質。此處不是指價值中立。當我們正向思考時，會更善良、更有創造力、思維更開闊、更能接受任何可能性，且更樂於與人相處。當我們聚焦負面時，不僅感覺糟糕，而且還讓自己變得越來越像那種過度思考的人，因為消極情緒助長了心理循環。

如果我們正面思考，就更有可能採取積極作為，這並不意味著當討厭的事情發生時，必須感到興奮，但它確實意味著有益或無益的方式來思考某特定情況。如果我們抱持負面想法，就不太可能採取令人滿意的行動。

讓你的想法成為你的盟友

重要的是：你可以選擇你的想法！

我在十五年前第一次讀到哲學家暨神學家達拉斯．魏樂德（Dallas Willard）所著的《心靈的重塑》（*Renovation of the Hear*）時，得到了啟發。他在書中寫道：「我們的感覺和想法在很大程度上應該是有能力的成年人的選擇問題，自己的大腦應該深思什麼，或感覺什麼，都會非常小心。」[4]這聽起來不像是一種選擇，但宗教和世俗人士都認為，雖然我們不能完全控制自己的感覺和想法，但我們擁有比自己認為的更大的力量。

我們不只能做到這一點，而且如果我們希望減少過度思考的時間，專注在對我們來說重要的事情，必須學會小心照料我們的想法。所以我開始領悟葛拉格書中這句話。她建議我們，對待自己的思想，「就像照料自己的花園一樣，對於你在花園種植和允許生長的東西，要盡可能小心。」[5]我們必須學會照顧自己的花園。

許多人絲毫沒有意識到，思想會對生活產生的巨大影響，對於我們正在孕育的花園也沒有花太多心思。這是錯的，專注的力量非常強大，我們可以用之以行善或作惡。**我們的想法可以是我們的盟友，也可以是我們的敵人。**我們可以專注在我們的恐懼、擔憂，或別人是如何冤枉我們的。我們可以用完美主義者的方式，聚焦在搞砸的小事情，或做不到的事，或者在腦海中重播不愉快的對話和不幸的情境。由於思想驅動感覺，因而我們有可能在擁有相當不錯的生活時，仍感到痛苦。或者，正如葛拉格和無數其他人所發現的，我們可以面對不愉快的環境，但仍能感受到平靜和快樂。這完全取決於我們選擇關注什麼。

英國的思想家約翰·彌爾頓（John Milton）寫道：「心，決定了自己的所在，它可以把地獄變成天堂，也可以把天堂變成地獄。」[6]藉由仔細選擇自己的思想，我們可以培育一個自己真正想花時間投注心力的花園。

大腦陷入思考迴圈，怎麼辦？

好喔，你可能會想，我一直都小心選擇我的想法，但效果並不太好。當大腦陷入過度思考的迴圈，而無法選擇自己的想法（也不知如何脫困）時，該怎麼辦？

在這本書中，我們已經為「過度思考」一詞大致下了個定義：「重複、不健康、毫無幫助的想法，使我們感覺糟糕，卻一事無成。」現在，我們來談談一種特殊的過度思考類型，不斷對已發生的事，從負面的角度反覆思量，稱為反芻思考（rumination）。是因為它所描述的重複思考，類似於反芻動物的消化過程，例如乳牛反芻食物以幫助消化[7]。反芻可能對牛有好處，但對我們來說，長時間反芻思考不值得的問題，並沒有任何好處。反之，這種思考方式劫持了我們的注意力，讓我們苦不堪言。**當我們反芻思考時，就無法關閉大腦，思緒不停轉來轉去，像是被困住了，猶如一隻在轉輪上的倉鼠。這些負面想法以及由此產生的情緒，會損害我們清晰思考的能力，以及整體的幸福感**[8]。

當我們反芻思考時，是以一種無益的方式看待問題[9]。如果我們專注在解決問題本身，會很有幫助，但反芻思考時卻不是這樣的，會一遍又一遍地思忖這個問題，卻沒有尋找任何解決辦法。當我們產生負面想法時，會有不好的感覺，這就是為什麼反芻思考是致命的，它會影響我們的感受，進而影響我們的行為。

反芻思考不只阻止我們解決自己的問題，同時也產生另外的問題。當我們反芻思考時，這些擔憂和焦慮遠超過手頭上的事情，甚至可能開始過度思考自己正在過度思考。最糟糕的是，大多數這種內心的痛苦是完全不必要的。

如果不加以控制，情況會隨著時間的進展而惡化。我們想得越多，就會越強化這些思考模式，最後更難以自拔。如果幾十年來一直都在過度思考，實際上是在花園撒滿蒲公英的種子，然後為雜草施肥。

真的沒有必要如此。改變是有可能的，我們可以學習強化積極正向的思維習慣，控制注意力，儘管我們可能需要經過不斷的嘗試，才能做到這點。

在過度思考發生的當下，立即打斷

你如何克服過度思考？如何學會將思想導向更有成效的途徑呢？制定一個因應計畫，以防這些想法突然出現，因為它們總是有可能會出現。當反芻思考發生時，你需要一些策略來打斷它，消除負面的想法，停止過度思考。時日一久，你將學會如何選擇剔除或滋養哪些想法的明智決定。當你有意識地創造新的神經迴路時，你更有能力停止當下的過度思考，也會成為那種想得較少的人。這種感覺真的很好。

要停止長期以來固有的過度思考習慣，並不是容易的事，但時間久了，注意力「改道」的能力將會增強，你會重新找回想法的主控權，最後掌控你的感覺和行動。藉由強化嶄新和健康的思維模式，這些策略能重塑你的大腦，但是它們並非應急之道，解決過度思考需要下苦功，我已經努力很多年了，還是會發現自己想太多。不過，也拜這些策略之賜，當負面思想突然出現時，我已做好應對的準備。

在以下的方法中，除了第一項之外，其餘都不需要依序使用，你可以隨意嘗試，看看哪種方法最適合你。

策略1：注意你的想法

除非你意識到自己在做的事情，否則你無法進行任何改變，因此第一步就是觀察自己的想法。你習慣把注意力放在哪裡？在任何情況下，你的大腦都會不由自主地關注消極面嗎？你老是想著什麼問題？

注意你的想法，包括你和自己說話的方式，不只要大聲說出來，也要在自己的腦海裡說出來。沒有人喜歡和一個總是散播負面情緒的人在一起，當你獨自一人面對自己的想法時，情況也是如此。

我有一個關於寫作的例子，很多時候寫作是困難的，每當我對這個艱難的過程感到沮喪時，我都會想起我最喜歡的書*Crossing to Safety*（暫譯：穿越至安全地帶）的一句話：「艱難的寫作使閱讀變得容易。」[10]這句簡單的話提醒我，過程困難沒有關係，如果我繼續努力，最終也會有好的結果。這種積極的自我對話幫助我保持鬥志，並促使我重回工作軌道，而不是浪費我的精神能量去關注這個過程有多難。

策略2：凡事看好的一面

當你在反芻思考時，大腦會陷入負面的思維漩渦。一旦你專注在消極面，就很容易持續這麼做，若你能察覺到自己在做什麼，便能經由尋找正面的解釋來打斷反覆思考。藉由積極主動專注在好的一面，你可以完全避免這種負面想法，持續穩定的聚焦幾乎不會受到干擾。

你可能聽說過約翰．高特曼（John Gottman）這位著名的婚姻顧問、研究人員暨治療師，他以其觀察一對夫婦的談話僅五分鐘，就能以驚人的準確性預測兩人是否會離婚而聞名[11]。他表示，重要的是夫妻要學會如何「刻意」察覺和分享自己喜歡和欣賞彼此的地方，並且有意識且持續這樣做。這聽起來很簡單，但練習尋求好的一面有著巨大的力量，不只是在戀愛關係中，因為除非你積極主動尋找對方的優點，否則你很可能忽略它。**請訓練自己欣賞積極的一面。**

另一個方法是練習感恩。**定期的感恩練習，會對過度思考產生神奇的效果，因為它能將你的注意力從自己身上抽離，轉為向外關注。**感恩會自動將你的注意力引向積極面，而不是你缺少的東西，或你（或其他人）的不足之處。更好的是，心懷感激會讓你感到快樂。為了讓感恩成為一種習慣[12]，高特曼創立的組織「高特曼學院」建議，可在手機上設置提醒，定時促使你說出自己感激的事物，你的大腦會逐漸養成這樣的習慣，在沒有提示的情況下就會發現積極的一面。當你花更多時間感恩，自然也就不會浪費太多時間想太多。

你也可以藉由專注在積極面來改變你的觀點。我經常在開車時使用這個策略，因為人們很容易認為，其他司機在開車時的任何會出問題之決定，都是出於負面動機。當有人闖紅燈時，我總是大聲地說，「也許後座有個正在分娩的女人。」我的孩子們都會取笑我說：「媽媽，真的嗎？」但我不在乎告訴自己，司機匆忙是有原因的，這會幫助我維持良好的情緒，而非生氣，讓我專注於當一個善良、富有同情心的人（及一名警覺的司機），而不是抱怨路上的白痴。你不能控制生活中發生的事情，但你可以控制自己選擇如何解釋事情。**當我選擇尋找積極正面的解釋時，我是在培養正向的想法，而不是無益地停留在負面的想法上。**

策略3：考慮不同的觀點

一旦你的大腦對某件事產生消極的解釋，例如朋友提前離開聚會，是因為她不想和你說話；每個人都用奇怪的眼神看你，是因為你牙齒上有口紅印；老闆打電話給你，是因為她對你的工作表現不滿意。如果這樣想，你就很難保持客觀。當你失去客觀性的時候，你會直接受到負面情緒影響，並持續保持如此。

當你的大腦陷入困境時，你可以有意識地提醒自己考慮不同的觀點。這種創造力的練習[13]會迫使你跟原本的想法保持一定的距離，可以更客觀看待自己的處境，並降低最初想法的力量。即使是一個中性的解釋，也好過一個消極的解釋。

你的另一種詮釋不一定要非常出色，這種力量來自於簡單地從另一個角度思考問題，迫使你的思維脫離原本消極的軌道。如果你的朋友提前離開聚會，是因為她預約要看牙醫呢？如果人們在會議上看到你時很驚訝，是因為他們以為你還在度假呢？如果老闆打電話給你，是因為你在桌子上留了一份文件呢？

當我致力尋找一種積極的（甚至是中性的）解釋時，我會自問兩個問題，以幫助我的思維回到正軌。

1. **如果我最好的朋友也是這樣，我該怎麼跟她說？**[14] 當你想像是你為朋友提供建議時，就會自然而然更加客觀地看待。

2. **如果我喜歡這件事，我喜歡的是什麼？**[15] **或者，如果我認為這是好的，原因是什麼？** 例如「如果我覺得這場會議很成功，理由是？」或者「如果我認為那次談話進行得很順利，我為什麼會這麼想？」

這些問題很有效，因為它們提供你所需的距離，遠離你自己的想法，並挑戰你進行創造性的練習，以尋找另一種解釋。

策略４：暫時先置之不理

我從一個瑜伽教練朋友學到了這項技巧：「當毫無助益的想法突然出現，你不必去助長它們。」當你注意到你的思想正往危險的方向傾斜時，就告訴那些想法「現在不是時候」，然後把它們拋到一邊。我的朋友建議我想像刷掉它們，就像我刷掉毛衣上的線頭一樣。

這裡有個例子：當我寫作時，我會閃過這類想法：「這是垃圾！」或是「你確定你知道自己在做什麼嗎？」我以前常常會陷在這些想法裡，並與之搏鬥，但並沒有任何幫助，反而將我的注意力從原本該關注的事物上轉移，讓我感覺很糟。**現在，每當我注意到這些想法飄過，我就會將其放在一旁，告訴自己現有這些想法不重要。**我就可以重新聚焦在真正重要的事情上：真正的寫作。

當然，如果我選擇捕捉這些想法、與之親近，並滋養它，我將會有一個全然不同的體驗，但不是好的體驗。

朋友貝絲也提供我類似的工作建議[16]。在我的工作中，創意計畫和準備的悠閒時刻，與執行的忙碌時刻會交錯進行。在執行時，我專注於進行已經制定好的計畫，而不是深入思考大局，同時間，我還需要處理問題，諸如業務的整體狀況或專案計畫的細節。貝絲教我，當我制定決策時，就是我計畫和準備的時候。當我忙於進行這些計畫時，就專注在執行。所以，現在當我需要專注於執行時，就會像貝絲教我的那樣告訴自己：「現在是執行模式，而不是決策模式。」我察覺到這個稍後再解決的想法，然後繼續前進，並在合適的時候回來處理，這樣能幫助我在當下繼續前進。

策略5：忽略無效或無益的想法

在*Almost Everything*（暫譯：幾乎一切）一書中，安・拉莫特（Anne Lamott）描寫她與侵入性思想持續搏鬥，以及唯一幫助她因應這些思想的三個詞[17]。有一次，她和一位善良的科普特基督教會（Coptic）的牧師在北非的懸崖上，當時她不得不尷尬地承認：「我向心理醫生保證，只要我人在高處，當時無論與誰在一起，我都得跟他們說：『從孩提時代起，只要我站在非常非常高的地方，就會想要跳下去。』」

拉莫特提到牧師的回應：「他沒有稍作停頓、露出遲疑的樣子，他反而甩開我的憂慮，說道：『哦，誰不是呢？』」

拉莫特說，他的反應完全正確，他的回答讓她感覺好多了，這是真的。她解釋說，自己沒有憂鬱或自殺傾向，儘管如此，有時還是會出現這些不受歡迎的想法[18]，而牧師的回答使她得以忽略這些想法。

我們大多數人時不時也會有這類侵入性的想法[19]，並非我們有意創造，也無法代表我們的真實想法和感受。在莎莉．溫斯頓（Sally M. Winston）博士和馬丁．賽義夫（Martin N. Seif）博士的傑出著作*Overcoming Unwanted Intrusive Thoughts*（暫譯：克服不受歡迎的侵入性想法）一書中，他們將不受歡迎的侵入性想法定義為「跳進大腦、不請自來的想法，而且似乎不屬於持續性有意識思考的一部分。」如果你自己也有不受歡迎的侵入性想法，就像拉莫特人在高處時想跳下去一樣，你可能會擔心，因為你知道你的生活反映了你持續不斷在思考的東西。請放心，不是每一個閃過你腦海的想法，都與你的潛在性格有關。

重視你的所有想法是錯誤的概念，有些想法並不值得認真看待，因此無須過分抬舉、回應，這樣只會增強其力道，因為你用來對抗不受歡迎的侵入性思想的努力，往往只會使之增強。「簡單的事實是，你抗拒的事情往往會持續下去。」[20]

與其選擇滋養那些不受歡迎的想法，不如選擇僅僅注意到它們的存在，然後讓它們飄走。

策略6：設定一個過度思考專用時間

大腦喜歡有一個足以信任的系統，請提供給它一個這樣的空間。美國鄉村音樂歌手強尼．凱許（Johnny Cash）的知名個人待辦清單中，包括了擔心，還有尿尿和打電話給媽媽[21]。這聽起來或許很傻，但這個反直覺的策略確實有效，如果你每天都安排時間去擔心或過度思考，大腦就不太可能整天用這些想法來煩你。

在《告別玻璃心的女力養成指南》（*13 Things Mentally Strong Women Don't Do*）一書中，心理治療師艾米．莫林（Amy Morin）表示，她的許多諮商個案都發現這個受廣泛推薦的策略很有效，「他們發現自己能夠將擔憂控制在一天中的某個特定時間段，而不是讓擔憂的想法左右每一刻。」[22]

你可以安排時間盡情過度思考時，或許用十五分鐘全神貫注在過度思考，換取二十三小時四十五分鐘的放鬆。允許自己在一段有限的時間內沉浸在這些想法中，**一開始就設定一個專用的時段，如此一來那些想法就不會蔓延到一天中的其餘時間**，此舉可以防止蒲公英占據整個花園。

策略7：寫下來

我們在腦中很容易會把事情想得比實際情況更嚴重。有時我會發現自己完全不知所措，似乎我有很多事情要做，但當我開始將自己紛亂的想法（或我做了哪些事）寫下來時，看起來並沒有那麼糟糕。

這個策略之所以有效，是因為它能讓我們把無益的想法整理成更易於管理的形式，從而恢復我們的客觀性。這是一個老方法，但仍然有用。**一旦將許多事情寫下來，就不會讓人感到氣餒，因為寫作的行為迫使我們釐清實際發生的事，以及我們可以如何因應。**

許多人發現寫作是一個有用的工具，但要小心。莫林將「寫日記」稱為傾向於反芻思考之人的「常見陷阱」[23]。她寫道：「對於過度思考者來說，寫日記可能會適得其反。如果你寫下已發生的不好事物、你擔心的事情，或是你經歷的難受情緒，你的日記可能會強化你的負面思想。」如果你有寫日記的習慣，莫林的建議是就事論事，而不是停留在紛亂的思緒之中。

你可以更進一步將負面想法寫在紙上，然後把紙撕成碎片扔掉[24]我的一位教練曾經讓我們團隊在開始訓練之前做過這項練習。我們把消極想法寫在紙上，揉成一團，然後扔進垃圾桶。當時我很懷疑這項做法，但科學站在我教練那一邊，因為象徵性的動作似乎會讓你的大腦相信：事情已經解決了。

策略8：分散自己的注意力

我們可能都會忽略「分散注意力」這項策略，因為它感覺很幼稚。難道你不應該直接當場拒絕負面的想法，而不是鼓勵大腦轉移注意力嗎？答案是否定的。如果這項策略能讓你避免耽溺於過度思考，它就是有效的，而分散注意力確實有效。

不妨把它想像成安然度過渴望。研究表明，對食物的渴望一般只會持續三到五分鐘。如果你能在那樣短的時間內停止這種渴望，那麼引發渴望的食物通常在幾分鐘後就不再那麼誘人了。同理也適用於過度思考。蘇珊．諾倫－霍克塞瑪寫道：「只要給人們八分鐘積極認真的分心，讓他們從過度思考中抽離出來，就能顯著有效提升其情緒，打破重複性的思維循環。」[25]

分散注意力之所以有效，是因為大腦一次只能做這麼多事情，當負面想法來襲時，請找另一種方式讓你的大腦有事可做。不論是讀一本書、打電話給朋友、付帳單，或是玩八分鐘的俄羅斯方塊都好。

策略9：動一動身體，就能改變你的想法

最有效的分散注意力方式之一，就是動一動身體。若要改變腦中的想法，你實際看到的風景變化也會改變你的觀點。蘇珊．諾倫－霍克塞瑪發現，**長時間的運動不只能讓你專注於其他事情，還可以提升活力、減輕壓力、向大腦輸送血液，以及改善情緒。**為了達到最大的效果，請選擇一種需要你集中精力做的運動。比方說，長跑運動員在熟悉的人行道上跑步時很容易想東想西，但在山路跑步更需要全神貫注，因此更能排除過度思考。

二十分鐘的運動可能是最有效的，但不要就此停止探索其他的補救方法。當大腦卡住時，試著移動身體、遛狗、倒垃圾、做開合跳或波比跳、打掃廚房、清掃落葉、爬樓梯、隨著你喜歡的歌起舞。要想擺脫困境，就得先動起來。

你可以駕馭你的思想

你的思想會停留在何處？雖然你無法完全掌控自己的思想，但你有高度的自由可以選擇自己的思想，隨著你練習建立新的心理習慣和神經迴路，這種掌控力會變得更強。控制

思想並不容易，可能需要時間才能看到結果，但這是有可能成功的，也是值得的。

替這些突然出現的消極想法制訂計畫，可以從注意自己的想法開始。你本週都在關注些什麼？哪些話題不斷誘使你反芻思考？你打算用什麼策略來解決這個問題呢？

你不需要任憑負面思想擺布，請從本章選擇一些對你有效的策略，當你再次陷入反芻思考時，請嘗試新方法，看看會發生什麼。

下一步

1. 當你專注在自己的想法時，你會注意到什麼？你習慣把注意力放在哪裡？是什麼讓你陷入過度思考的迴圈？

2. 定期的感恩練習對過度思考有奇效。請暫停一下，列出三件你感激的事情。

3. 你能想到當下困擾你的任何一種情境嗎？如果你最好的朋友遭遇相同情況，你會告訴他們要怎麼做？

4. 在本章中，我分享了我信任的箴言「艱難的寫作使閱讀變得容易」，以及「現在是執行模式，而不是決策模式」。你有自己信任的詞句嗎？你能想到任何你想採納的金句嗎？

5. 當消極想法突然出現時，你有什麼因應計畫？當這種情況發生時，你會嘗試哪些策略？請列在底下。

第8章 藉由限制來釋放自己

習慣會在人毫不知情的情況下，逐漸改變其生活面貌，就如同時間會改變一個人的實體面貌一樣。

——維吉尼亞．吳爾芙（Virginia Woolf）

在一個單調乏味的冬日，我的朋友洛莉說服我一起參加早上六點的體適能課程。儘管在寒冷的早晨，我不得不在黎明前強迫自己起身，但我很快就將此視為習慣，且驚訝地發現自己是多麼樂在其中。

早上六點那一班有很多人下課後就直接衝出門，因為他們需要沖澡、換衣服，然後去上班。反觀我自己，我很少需要在早上八點前看起來光鮮亮麗。如果我願意的話，大多數日子我可以穿著瑜伽褲（甚至睡衣）工作。下課之後我雖沒有逗留，卻也並不急著離開。

我最喜歡這個課程的部分，是結束前的緩和運動時間。我喜歡（也需要）伸展和呼吸練習，這對於保持靈活性，以及為即將展開的一天集中精力都有好處。但是關於緩和運動時間，有一件事總是讓我感到焦慮。在課程結束的最後幾分鐘，老師會告訴每個人，如果有人需要提前五分鐘離開，不用擔心，請自便。我們現身上課、完成了最難的部分，現在可以溜出門繼續自己的生活了。

老師的本意是好的，但她好意鼓勵我們怎樣做都可以，總是讓我的大腦運轉飛快，我到底是應該或不應該離開？在我們呼吸和伸展練習的過程中，教練提出一個根本不知如何選擇的選項。停止吧，我會告訴自己，我已有所需的時間，但我還是覺得她的邀請很誘人，我總是渴望能多擠出幾分鐘的時間，為什麼我不趕緊離開，好利用這段時間去做我清單上的下一件事呢？於是我仰面躺著，還在做伸展，但注意力都集中在門上，而不是呼吸本身。我嫉妒那些接受她提前離開的邀請之人，同時在想自己是否應該成為他們之中的一員。

當我意識到老師給我一個選擇，但我不需要接受她的提議，甚至不需要考慮的時候，一切都改變了。別想太多了！安妮，我對自己說。你已經決定來這裡了，就安心待著吧。

就這樣，做決定的壓力於是消失。

為什麼「限制選擇」如此重要？

決定是否將運動時間縮短幾分鐘是一件小事，但這些小決定會逐漸累積。「一整天當中我們的每個決定，都會消耗有限的精力，無論是選擇早餐要吃什麼、走哪條路去上班、如何處理棘手的談話、是否在促銷結束前買條新的牛仔褲，或孩子週五社團活動結束後如何回家。每一個小決定只需要一點點的腦力，但累積起來的影響力是很大的。」

我們遇到的選擇越多，就越有可能屈服於「決策疲勞」（decision fatigue），這是一種由於做了一個又一個決定而疲憊不堪，我們的選擇能力因此崩潰的狀態。除非我們保持警覺，否則可能不會有意識地注意到「決策疲勞」正悄然襲來。當身體疲倦時，我們會知道，當睡眠不足或因為健身而感到筋疲力盡時，我們會知道，因為身體能感覺到。但是，決策疲勞非常狡猾，我們不是以某種方式感到特別累，而是會感到不知所措。

為了避免決策疲勞，不妨把精神能量想像成我們的預算，或者更恰當地說，想像成日常開支，我們不能一次又一次地做決定而不付出代價。**我們在一天中的決定越多，久而久**

之，**決策的品質就會越差**。我們處理這些決策的心理能力逐漸減弱，於是開始過度思考。相反的，我們消除的決策越多，則在一天中保持決策能力的時間就會越長。

當我們整天都在為了決策而想太多時，會消耗更多精神能量、更快經歷決策疲勞，一旦感到不堪重負，也就更難控制自己的思想了，這是一個惡性循環。

為了遠離精神雜草，你可以實施屬於自己的精神保護計畫，也就是經由精簡決策和建立每日例行公事，有意識地減少你經常耗費的精神能量。編舞家崔拉・夏普（Twyla Tharp）曾說，她自己的生活「都是重複的」[1]，她把這些預先設定、可重複的每日例行公事稱為「自動但果斷的行為模式」，其美妙之處在於，**讓你減少需要思考的事，更容易完成重要的事情**。

我們當中有許多人抗拒例行公事，因為會讓人感到受限或無聊。我可以理解這一點，因為我本能上更喜歡豐富的選擇和開放的日程表，而不是嚴格死板的時間表。但無聊並不一定是件壞事，可預見性正是我們所需要的，因為**例行公事的目的並非為了限制自己，而是為了清除精神上的雜亂**。梅森・科瑞（Mason Currey）在他的《創作者的日常生活》（*Daily ritual*）一書中寫道：「固定的每日例行公事可以培養一個人的精神能力，有助於抵禦情緒的束縛。」[2]這本書講述了兩百四十三位著名藝術家的工作習慣。例行公事是為了服務我們，而不是給我們戴上手銬。如果運用得當，則無論是在製作博物館等級的藝術品，抑或只是管理日常生活，這些限制選擇的策略都會藉由創造大腦空間帶來自由。

簡化決策的方法

讓我們來探索一些你可以建立的特定策略，用以限制你的選擇並簡化反覆出現的決策。有些策略顯而易見，其他的則可能會讓你大吃一驚。所有這些策略都有一個共同的目標，那就是建立一種習慣，讓我們擺脫過度思考。請不要把它們視為束縛，而是當成預設設定。在你迫切需要做出不同選擇的情況下，**你創建的「無聊」例行公事可做為一種破壞疲勞的框架，由於你已為這些事情做過一次決定，因此不必每次面對同樣的問題時，都要再一次重複決策。**

策略1：吃同樣的東西

我們每天面對關於食物的決定實在太多了。食物和用餐時間在生活節奏中扮演著重要角色，當簡化這些事情時，也就節省了許多時間和精力。

我第一次意識到每天可吃同樣的食物是在十年前，當時我正經歷高強度（且短暫）的混合健身（CrossFit）階段。我很快發現，我所在健身房的許多精英運動員每天都吃同樣的東西，我指的是完全一樣。我的其中一個訓練夥伴每天都吃火雞肉、四季豆和杏仁，按盎司計算，每日吃六、七頓迷你餐。有些運動員可能會在晚餐中加入一些變化，或者在週末實施「作弊日」，但對我來說，他們飲食的主要成分似乎枯燥得有些令人麻木。儘管如此，他們還是對這樣的飲食讚不絕口，聲稱這種一致性所節省的精力簡直令人吃驚。

當我開始注意這一點時，我意識到他們並不是唯一這麼做的人。許多在不同領域表現出色的人，每天都藉由吃同樣的東西來釋放精神空間。我並未想要治理世界，或在健身房創下新的個人紀錄，但我喜歡這個概念，亦即為了比午餐菜單更重要的事情，保存自己的精神能量。

時光飛逝，十年後，令我吃驚的是，我也成了其中一員。有九成的日子，我的早餐和午餐都是一樣的，日復一日。早餐是雞蛋和酪梨的組合。天氣冷時，午餐是紅咖哩；天氣暖和時，午餐則是大份沙拉。雖然不完全一樣，但很接近，配方很容易製作，很容易購買，也很容易改變。

如果一想到每天都吃同樣的東西會讓你感到噁心，請放輕鬆。你可用較不劇烈的方式實施相同的原則。多年來，我一直都根據克羅格公司（Kroger）的促銷傳單來安排我們的家庭晚餐，大幅減少了我們的選擇。如果雞胸肉和鮭魚在打折，我們就吃雞胸肉和鮭魚。後來，我經由創建一個膳食矩陣，進一步限制了我們的選擇，這並非一個固定不變的菜單，而是一個縮小選擇範圍的模板，包括週一無肉日，週二墨西哥捲日，週五披薩日。

無論你選擇吃完全一樣的食物，或採用類似膳食矩陣這樣的方式做為起點，你都會節省大量的精神能量。

策略2：選定招牌菜

在我二十二歲時，我讀到這樣一篇文章：每個人都應該要有一道招牌菜，一份你總是準備做給朋友吃的可靠食譜，如此一來，你就不必花費精力決定要上什麼菜，當客人來訪時，你不必擔心選擇的問題，或是根據新的食譜做菜。相反的，你可以回歸你的日常生活慣例（至少在食物方面），以及把注意力放在你的朋友身上。

多年來，我一直很喜歡觀察不同的朋友如何實踐這個概念。有一次，我去朋友麗莎家，當時她剛剛才為十八個人舉辦了一場盛大的晚宴，不光是接待，而是準備和提供食物。麗莎天生就是個女主人，過去也是位飯店管理專業人士，所以我對實際情況很感興趣。她究竟招待了些什麼？她是如何為這麼多人舉辦宴會的？

她告訴我，關於製作高級精緻晚餐，她總是提供同樣的東西，因為她要操心的事已經夠多了，不想再擔心食物。她的招牌菜單是牛柳（在烤箱烤，搭配自製辣根醬）、凱撒沙拉（佐店裡賣的現成調料，當她從冰箱裡拿出一瓶給我看的時候，我甚至拍下來，以供日後參考）、連烤兩次的布爾森（Boursin）起司馬鈴薯，以及從當地麵包店購買的甜點。客人們都喜歡這頓餐點，因為實在很美味；麗莎也很喜歡，因為她已經做了很多次，根本想都不用想。

我從未舉辦過精緻晚宴，但同樣的原則也適用於不那麼正式的聚會。在我家，我們願意邀請別人來家裡的一個關鍵原因是，我們知道自己在做什麼，而且知道這很容易。我的第一道招牌菜是帕馬森雞肉，但隨著年齡的增長，我的首選菜變得越來越簡單。如今我們喜歡以晚上墨西哥玉米捲招待較多的客人，人少一點就吃路邊餐車賣的雞肉。舒適的冬夜則需要吃荷蘭鍋燉肉。至於輕鬆隨意的菜單，我們提供玉米片（便宜）或壽司（奢侈）。關於甜點，我用的是幾乎不含麵粉的巧克力蛋糕，我做過很多次，食譜都已倒背如流了。如果我想要一種感覺較隨意的甜點，我會烘烤烹飪秀節目《赤腳女爵》（Barefoot Contessa）的「驚人布朗尼」，這份甜點總是很受歡迎。

請人來家裡做客，是加深人際關係的一種可靠方式，但也會因為實用性而令人卻步。提前選定一道招牌菜，可讓你少考慮一件事，所以你可以確定食物不會成為你與朋友聚會的障礙。

策略3：選擇同類型的穿扮

當我上高中時，我羨慕就讀天主教學校的朋友們，每天都穿同樣的裙子、polo衫和開襟毛衣去上學。每天早上一起床，她們就知道自己要穿什麼。對於當時上高中的我來說，這意味著她們可以多睡十五分鐘，因為我每天早上都要花同樣的時間挑選衣服。我的朋友們嚴格的選擇範圍，也代表了精簡的決策過程。

當我日漸長大，我開始觀察一些人，他們不僅選擇每天穿同樣的衣服，而且明確地這樣做，因為他們想讓事情變得更容易。就連美國前總統歐巴馬（Obama）在決策疲勞研究的刺激下，也選擇在任職期間只穿灰色或藍色西裝③，他在接受《浮華世界》雜誌（*Vanity Fair*）採訪時，對麥可・路易士（Michael Lewis）說：「我正努力縮減做決定的次數。」「我不想決定要吃什麼或穿什麼，因為我有太多其他的決定要做。」

不只是女校學生和討厭流行的人會穿制服。許多時髦人士，包括在時尚產業工作的人也都喜歡個人特有的制服，我起初對此感到很驚訝。時尚人士難道不喜歡每天打扮嗎？但她們這麼做是有道理的，假如你想要不斷跟上潮流，可能會失去理智，同時耗費大量的精神能量。早在一九七七年，已故的*Vogue*和《哈潑》（*Harper's*）雜誌編輯嘉莉．多諾萬（Carrie Donovan）就寫道：「真正有條理的女性已找到一種『整齊劃一』的穿著方式，讓她們顯得既迷人又高效。」[4]幾十年來，她一直敦促人們「為自己設計一套高效的制服」[5]。多諾萬自己的制服是全黑的，加上巨大的眼鏡和大膽的配件。葛瑞絲．柯丁頓（Grace Coddington）曾擔任*Vogue*雜誌創意總監二十五年，她也只穿黑色衣服。她說：「我不想要煩惱早上要穿什麼，我想把所有注意力都放在我拍攝的衣服上。這就像制服一樣，你不需要為此做決定。我一輩子都在做決定。」[6]

雖然我很欽佩那些大膽堅持每天穿同件制服的人，但我從沒想過自己也會成為其中的一員，這對我來說感覺太極端了。然而，有一年夏天，我發現自己無意間也有了屬於自己的一套制服。因為我每天都要穿衣服，所以我也就讓這件事變得更容易。每天我都會穿一件條紋襯衫（我有一打款式稍有不同的襯衫）、中性色調的褲子，以及一雙銀色涼鞋。我喜歡這樣，因為我起床的時候就知道我那天要穿什麼了：掛在衣櫃裡的下一件襯衫，以及任何一條乾淨的褲子。

即使你不想一輩子都只穿條紋襯衫，衣服矩陣也有著和膳食矩陣相同的作用。我自己的許多服裝都是來自同一個主題的延伸變體，例如我經常重複的穿著：深色上衣搭配牛仔褲，外加一條墜飾項鍊。另一個不那麼激進的版本是近年來流行的「膠囊衣櫥」（capsule wardrobe）或「十件行頭」（ten-item wardrobe）[7]，珍妮佛．斯科特（Jennifer L. Scott）在她那本令人愉快的書《向巴黎夫人學品味》（*Lessons from Madame Chic*）中，其中名為「十件精品衣櫥」（Liberate Yourself with the ten-item wardrobe）的一章對其已多所著墨。這些都是**藉由限制你的選擇來完成工作，如此一來，大腦空間就可以分配給其他的事情。**

策略４：選定你的招牌造型

就像招牌菜一樣，一套別緻的服裝可以滿足多種角色。

威爾和我結婚的時候，我在安．泰勒（Ann Taylor）的特賣架上找到一件可在彩排晚宴時穿的黑色小洋裝：生絲、細肩帶、剛剛好過膝的A字裙。換句話說，這是件令人難以置信的多用途洋裝，適合無數場合。我曾想過再穿同一件是否合適，但十年前我就決定順其自然。我們最近剛慶祝十九週年結婚紀念日，這條裙子已經參加了上百場婚禮和雞尾酒會。

它仍然雋永、不過時，狀況看起來還是很好，我將會繼續穿它去任何地方，直到穿壞為止。

策略5：將選擇限制在單一來源

我們都有一些決定是無法自動化的，因為這些決定不常碰到。例如，最近幾個月，我需要為食品儲藏室選擇新的儲藏箱、為狗黛西找一個新的狗屋，並為社區活動聘請一名講者。因為我不習慣做這些決定，而這些決定雖然不常做，卻會耗費我大量精力。我並不常做這些事情，還是個新手，也正由於我喜歡學習新事物，可以在任何對我來說陌生的情況下，無須過度檢視我的選項。

這就是為什麼在面對這樣的決定時（亦即我從未做過，也可能永遠不會再做的決定），我會預先主動決定「限制」自己的選擇。我喜歡的一種方法是，把選擇限制在單一來源。幾年前，當我在購買寢具用品學到教訓後，我便制定了這項個人決策方式。由於我不喜歡購物，所以我遲遲做不了決定，以至於最後拖到了不得不買的地步，當我開始在網路上搜尋商品時，很快就被各種選擇給淹沒了，因此我需要足夠的選擇，而不是無限的選擇！

我向我那位專精室內裝潢的朋友解釋了我的困境，請她告訴我，可以在哪一間商店找到我想要的東西。她提供答案（她的答案是：家居連鎖店 Pottery Barn），這讓我的無限選擇回到合理的範圍。她挑出幾件她認為在我的臥室裡會很好看的羽絨被，給了我一個更進一步的幫助，由於選擇大幅減少，我只花了五分鐘就決定了，不需要花費數個小時。

現在，每當無數的選擇讓我感到不知所措時，我就會尋找一種方法來快速縮小我的選擇範圍。不確定接下來要讀什麼？試著把選擇限制在書架上已經有的書，或是可在你經常去的圖書館裡借到的書。需要一份生日禮物？試著把選擇限制在一家商店裡（或者甚至只是一個類別，例如日記）。不知道今年的香草園該種什麼？你猜對了：與其開著車滿城跑，到處看看有什麼可用的，不如下定決心，只種植你在當地一家苗圃裡能找到的植物。

策略6：限制自己只決定一次

如果你發現自己一直在思考如何將某件事排進時間表中，或者安排什麼時間進行，那麼設定一個固定的時間，將有助於限制你的選擇。

對於容易過度思考的人（包括我）來說，承諾一個固定的時間是很難的，然而一旦時間確定了，你也就不用再去想這件事。如果你決定每隔一天早上八點去運動，你便不用再擔心什麼時候擠出時間去運動。如果你決定在晚飯前遛狗，你就不需再想何時才是合適的時間。如果你決定週四是採買日，你便不會浪費精力決定什麼時候要去超市。

如果承諾一個固定的時間對你來說沒有用，或者你不想這麼做，你可以實施「如果—那麼就」（if-then）規則，以確保你想做的事情無須你費心想何時去做，就可以完成。這個策略之所以有效，是因為它把一個新的行為（一個你必須考慮的行為），固定在既有的例行公事中。時日一久，你的日常例行公事將擴展以適應新的行為。例如，現在如果我喝一杯咖啡，我也會倒一杯水。如果我用微波爐加熱食物，等待時我會做平板支撐運動直到計時器響。如果我刷牙，我會多花兩分鐘時間做伸展運動。只需要做一次決定，你就可以永遠重複這些動作。

策略7：避免讓科技裝置無效地占據更多時間

關於限制選擇，不能不談到如何巧妙處理自己與科技的關係，因為一不小心，我們隨手可得的小裝置就會接管生活。

科技已經從根本上改變了生活方式，為生活帶來許多好處，但也大幅增加了各種選項。在選擇諸如寢具等物品時，可以立刻上網，得到比我們父執輩更多的選擇。問題不只是可以在電子裝置上找到什麼樣的資訊，而是我們是否／如何使用多少資訊。如果隨身攜帶電子裝置，就會不停的想（儘管我們經常意識不到自己正在這麼做）去打開電腦、查看手機和電子郵件。正如貝瑞・史瓦滋（Barry Schwartz）在其優秀著作《只想買條牛仔褲：選擇的弔詭》（*The Paradox of Choice*）中所寫的那樣，他在書中提倡減少選擇，「現在無論你身在何處，你都有機會選擇是否每天每分鐘都要工作。即使你關掉了所有的機器，你還是會不斷想到！壓力一直都在。」⑧

若稍不注意，電子裝置就會大聲喧嚷吸引我們的注意力，即使那並不是我們所想要的。每次機器喧賓奪主時，都會需要決定答應或拒絕其需求。請現在就制定明智的指導方針，限制那些反覆出現的決策。

你是否一直在問自己，現在是不是拿出電子裝置的好時機？不妨考慮在生活中設立一個無裝置區：一個物理空間和／或一個固定的時間，讓你收起手邊的電子用品。去年夏天我們去大煙山（Smokies）露營的時候，一點手機訊號都沒有，所以我把手機放在汽車副駕前的雜物箱裡，我沒有意識到自己有多頻繁地想查看手機，直到查看手機不是一種選擇。

如果可以注意到科技強加給我們的決定時，就能夠選擇予以限制。以你電腦上的開啟標籤（open tabs）為例，它們通常代表未做的決定。標籤開啟是因為你正在決定要如何處理它們嗎？再以那些太常見的零售商銷售郵件為例，服飾商 J. Crew 希望你能打開郵件並決定購物。如果你不想購物，你必須決定刪除（或保留以後再看，這可能會更糟！）。想要完全略過這些決定嗎？請取消訂閱這些郵件。

我們的電子裝置可以帶來很多好處，但同時也會導致決策疲勞。請聰明使用電子裝置，以免讓它成為你的老闆。

這不是清單

我們許多人都討厭常規，因為害怕它們帶來的束縛感，一旦懂得巧妙運用，則會為你帶來自由。你一天能做的決策有限，所以請想辦法清理你精神上的雜亂，記住，「雜亂」是相對的。假如你喜歡服飾，那麼請享受每天早上穿衣打扮所發揮的創意。如果你喜歡藉由精心製作週間晚餐來放鬆自己，那就去做吧！

本章中的策略並不是一份必做清單。你不需要實施所有策略以獲得好處。但你一天之內能做的決定有限，你需要足夠的精神能量來制定重要的決策。請想想可以簡化哪些事情以節省精力。

當你控制了反覆出現的決策，你就握有自己頭腦空間的掌控權。請善做選擇。

下一步

1. 在等級1（一點點）到10（很多）的範圍內，你目前受「決策疲勞」所苦的程度為何？

2. 你目前有哪些日常例行公事？你最欣賞它們的哪一點？

3. 你會想要實行哪些新的例行公事？

4. 生活中有哪些方面，是你覺得在有意識限制自己的選擇之下，對你會有所幫助呢？你會怎麼做？

5. 你是否覺得科技正迫使你過度思考？你可以採取哪些步驟，來限制科技拖延你的生活？

第9章 讓別人替你代勞

我們認為自己必須學會如何給予，但我們忘記了接受，這比給予還難。

——亞歷山大・梅可・史密斯（Alexander McCall Smith）

當我開始要製作我的文學播客《下一本該讀什麼？》（*What Should I Read Next?*）時，我意識到經營播客需要我所沒有的技術才能。我面臨一個選擇：我可以自己學習如何安排主持、安裝設備、編輯音檔，以及壓縮文件，或者我也可以雇人來執行技術性工作，這樣一來我就可以專注在製作出色節目所需的創造性和非技術面向。假如我找別人來執行這件事，我就能有足夠的餘力繼續寫書、經營部落格、打造與書相關的課程。

因此，我聘請了我的朋友，同時也是播客主諾克斯・麥考伊（Knox McCoy）[①]，來為我講解概念驗證，教我廣告帶來的可能性，並指導我如何選擇設備。這一切他都已經學會了，我看不出有何必要再複製他的努力。他製作出一些腳本範例，告訴我可以如何開始和結束每一集。我用他的範例來編輯，設法讓它更像是自己的作品，但這些腳本非常有價值，因為它們給了我些想法，可據以做出反應。

在我錄製完嘉賓訪談之後，諾克斯會按照我的要求編輯節目，並製作每一集的最終版本。前兩集的製作需要我全神貫注投入，在此之後，我已能夠簡化工作流程，把自己的精力放在創作節目，而讓諾克斯專門負責製作。

播客的技術外包，讓我可以專注在我最擅長的事情，那些只有我才能做的事情，例如研究討論所需的書籍、尋找潛在的嘉賓，以及準備精彩的訪談題綱。在一個優秀團隊的幫助下，我可以看到更多的專案完成，如果是我獨力進行的話，我根本沒有能力接手這些項目。

你不用決定所有事情

我們大多數人直覺知道，自己並不需要親力親為去完成所有事情，所以我們會以不同的方式、因為不同的原因，將事情委外處理。你可能不認為自己是一個「委派任務的人」，其實你幾乎可以肯定是這樣的人。也許當空調開始發出奇怪的噪音時，你不會多作他想，就直接打電話給你最常找的服務公司。也許你不想每天晚上都想破頭要吃什麼，所以你會依賴膳食計畫服務或部落格和雜誌提供的每週計畫。也許你對分享圖片社交網站Pinterest中的清潔計畫深信不疑，所以你不再需要考慮什麼時候該換床單，或多久清理一次冰箱，你只需按照清單上的要求去做。

當我們把這些任務（及其相應的決定）外包出去時，可以節省時間，可以節省金錢，可以得到更好的結果，但與過度思考最相關的是，我們節省了自己的精神處理能力。

決定有哪些事情要外包

策略性外包能幫助我們處理每天面臨的決策衝擊。總有那麼多的事情需要決定，累積效應很容易會變得令人不知所措（我們從第三章學到，不知所措是決策疲勞的一種明顯跡象）。意識到你不需要自己管理所有事情，也不需要自己做所有決定，這是一種解放。尋找其他資源，能幫你減輕精神負擔。

不同的人會出於各種不同的原因，外包不同的事物。在考慮將自己的工作分派出去時，並沒有什麼定義清楚、不可更改的規則。沒有放諸四海而皆準的清單，因為我們每個人都有不同的才能、興趣、技能，以及資源，但是當你考慮有哪些工作可以委外時，你可以自問以下幾個問題。

問題1：我有能力做這件事嗎？

要回答的最簡單問題是：你有能力做到嗎？如果你無法自行解決，當然可以尋求幫助（無論是來自朋友或專業人士的協助）。根據你的自身狀況和技能，這或許意味著你可能在數學家教、油漆過高的天花板，或在媒體露面時化妝方面需要幫助（有時我們可能會猜想自己可以接手這個專案，卻發現這個想法太令人生畏，以至於覺得自己做不到。這點稍後再詳細介紹）。

如果你現在沒有能力做這件事，但想學習怎麼做呢？請繼續讀下去。

問題2：我想要做這件事嗎？

當我的朋友梅格[2]要開始經營播客時，她對製作音檔一無所知，但她非常有動力想要學習，她想要為聽眾打造獨特的聆聽體驗，這意味著她每一集都必須從頭到尾親自參與。但她之所以決定要親力親為，還有個更深一層的目的，她告訴我剛開始創立節目時：「當時我正從產後憂鬱症的黑暗期走出來，我選擇讓自己成為初學者，學習一些新技能，而且在個人層面上，觀察一件事，從想法到最終成形，為我的生活帶來了很大的療癒和快樂。」她不知道如何編輯自己的音檔，但學習這件事對她來說很重要。

經營播客節目是項大工程，但同樣的原則也適用於日常決策。麵包店的鬆餅做得非常好，但烘焙會不會是你最喜歡的減壓方式呢？鄰居的小孩會幫忙割草，但你是否覺得割草是一種令人愉快的冥想體驗，清楚可見的結果也令人愉悅？你的鄰居說要幫你去圖書館還書，但你是否喜歡順道走訪、看看新上市的書，並問候你最喜歡的圖書管理員？你的朋友很喜歡她的膳食計畫服務，但你是否喜歡拿出你的食譜，規劃更有價值的一整週的菜單及相應的購物清單？你可以打電話叫水電工人，但你是否更願意在 YouTube 上看幾段影片，然後自己解決漏水問題？無論你選擇自己做這件事是為了節省六十美元，或為了獲得出色完工的滿足感，結果都是值得的。

你想要親自做什麼？這個問題的答案因人而異，你外包或不外包的原因，對別人來說可能並不明顯。這些都無所謂。

問題3：如果是我自己來做，會更有意義？

當決定要將哪些事物委外處理時，問題在於：「什麼對你來說是重要的？」一項需要完成的任務，並不等同於一項需要由你來完成的任務。

一位旅遊專家曾經告訴我，在出差時，你不應該浪費精力在解決交通問題，在陌生的城市煩惱如何搭乘大眾運輸工具。只需要叫一輛計程車就行了，如此一來，釐清如何到達你的目的地，就成了司機的工作，而你也就可以為重要的會議和簡報節省精力了。如果你是去大都市參加高風險的會議（對我來說很少見），這確實有道理。不過，我們帶孩子去過紐約幾次，公共交通也算是我們冒險的一部分，雖然需要大量的精力搞清楚複雜的交通，但這無所謂，因為這個過程也是體驗的一部分。

我的朋友艾緒莉目前正花費大量時間，為即將到來的秋季準備一場文學公路之旅。她是不是在這件事上花了過多精力？絕對是的，如果她想節省時間，她大可從網路上下載別人的旅行計畫範例，但對艾緒莉來說，計畫是一個令人愉快、不容錯過的過程，這是旅行經歷的一部分，而她喜歡旅行經歷的每一部分。

不要把你認為最好自己做的重要事情，外包給別人去做。如果你從研究旅程的各個面向、為朋友訂午餐，或為愛人選擇卡片中找到意義，那就繼續這麼做吧！這些事情你再怎麼多想都不為過，那不算過度思考。

問題4：我能負擔得起嗎？

當我們談到能夠負擔得起的東西時，首先想到的往往是錢，而在提及外包時，錢當然是要素之一。我們可能會喜歡歐普拉式的外包，聘雇一位私人廚師、教練、管家，誰知道還有什麼，但即使我們想這麼做，其成本對大多數人來說都是望而卻步的。外包並不總是需要錢，然而一旦需要時，錢會是一個重要的考慮因素。

既然我們在討論保護大腦空間，讓我們也從不同的角度來考慮這個問題。不妨自問，我能負擔得起自己處理這件事的精神空間嗎？我的大腦和生活是否還有餘裕來承擔這些事情？你能做的就只有這麼多。

如果答案是否定的，那麼就是委外的時候了。

決定適合的委外對象

說到尋求幫助，有時候合適的人選顯而易見，有時候則不那麼明顯。我們都有不同的專業領域，而在生活中，總有一些人擁有我們所缺乏的技能和資源。

你可以讓別人去做某項特定任務，藉此減輕你的精神負擔，但是為了讓你放鬆，感覺真的有人幫你分擔這件事，你需要相信他們會完成這項工作，否則你還不斷擔心這件事，那就違背了目的。當你決定要將事情外包給誰時，以下是一些需要考慮的事情。

他是這份工作的合適人選嗎？

雖然你不需要百分百的信心才能繼續往前進，但請花點時間考慮一下，你是否有很好的理由外包給某個特定的人選（對於那些不假思索就這麼做的人，我向你們致敬。對於想要費一番苦工學習這些東西的人，請繼續閱讀下去）。

幾年前，我雇人幫我可愛但破舊的第一間房子的外牆刷油漆。我還年輕，在這些事情上沒什麼經驗，不知道該選什麼顏色。所以我讓漆匠決定。「我會告訴你我喜歡什麼，」他說，然後描述了他會為自己的夢想房屋選擇哪些色彩搭配。我很感激他的回答，我跟他說這很好，於是他就把房子漆了一遍。

漆匠的技術很好，但我一直對油漆結果不滿意，直到多年以後我才明白其中的原因。我很想把顏色的決定外包出去，但如果我仔細聽的話，我就會意識到漆匠和我的品味不同。如果我能得到與我品味更相符之人的幫助，我會更滿意結果。

現在我會自問：「在這件事情上若得到這個特定人選的幫助，是否有可能產生我希望的結果？」這是一個簡單的問題，但很重要。

我可以向朋友求助嗎？

尋求幫助不一定要很正式；這可能已經是你生活的一部分了。如果你曾經找過朋友幫忙搬家、清理櫥櫃，或者選擇裝扮，你就知道我在說什麼了。當我們仔細觀察朋友的技能和天賦時，如果請求幫忙，對方給予的協助也更能夠預測。我們會很高興得到他們的幫忙，也知道會很滿意結果。

當我重組家庭辦公室時，我被大量需要歸檔和分類的文件壓得喘不過氣來，我不知道如何找到一套好的系統來儲存這些文件。為這種情況煩惱許久之後，我終於向我有條理的朋友梅麗莎請教了處理這些快速堆積資料文檔的技巧。看到我陷入困境，梅麗莎於是接手，她帶著她最喜歡的懸掛式文件夾和麥克筆出現了，向我示範該怎麼做，為我節省許多精力（更不用說時間了），而且整個過程很有趣。我先前不太願意讓別人參與我那煩人的工作，但梅麗莎很樂意幫忙，我們一起做的時候，並不無聊。

我的朋友麥奎琳[3]有一條外包的經驗法則，可以讓她在邀請別人來做客時仍不失去理智。她喜歡有人陪伴，但經驗告訴她，如果她試圖自己負責所有的烹飪，最終會心煩意亂而後悔邀請其他人來。她很久以前就決定，在請人來做客時，她只準備兩道菜，其餘的要麼自己買，要麼讓客人自帶。

當我住在她家時，我親眼見證這一點。為了吃一頓舒適愜意的晚餐，當我們都在廚房閒聊時，麥奎琳在料理台做了義大利水餃雞肉湯，她說這道食譜已經做了一百次了，還佐以從商店買的麵包和甜點。晚餐既美味又簡單，她全身心投入，沒有人覺得被欺騙，包括她的陪伴。她的個人準則讓她得以專注在她最喜歡的娛樂方面，也就是只有她才能做的事情：享受朋友的陪伴。

麥奎琳還發現，人們喜歡提供幫助。我們往往忘記，當我們尋求幫助時，好處是雙倍的。**我們可能會擔心自己的問題會帶給朋友麻煩，但他們也希望覺得自己有價值。**給人們空間去做他們最擅長的事，除此之外，尋求幫助也給了你一個多見見朋友的理由。

有時候你需要專業人士

有時我們的朋友是專業人士，這很棒，但有時我們也會從聘雇其他人來完成工作中受益，當我們仰賴別人的專業知識時，可以從中節省大量的精力。

當我女兒們還小的時候，我想油漆她們的房間。我和丈夫先前就睡在那間臥室，牆壁是卡其色的（據油漆公司 Porter Paints 稱，是海沙色），但現在我想為女兒們的房間漆上淡紫色，以搭配新床罩。原先想尋求外援，但最終說服了自己，我想：這只是油漆而已，我能處理。

我仔細研究了油漆色板，並在牆上試了一些樣品，但總是調錯顏色。我的第一次嘗試看起來像葡萄汽水，所以我研究了雜誌和更多的顏料色板，然後再試一次。我的第二次嘗試看起來像咳嗽藥；第三次的顏色看起來更像粉紅色，而不是紫色。我很沮喪地放棄了，與街上的油漆店設計師約好了時間，那個品味無可挑剔的設計師主動推薦了我過去喜歡的六種顏色，而且不收費。我帶了我的油漆色板和床單給她看。「別難過，」她說，「紫色很難調。」然後她立刻挑出一種我永遠不會選，但在牆上看起來很完美的顏色。女兒們很喜歡，我也喜歡。

那是我最後一次自己選油漆顏色了，現在我讓專業人士幫我選顏色，每次他們第一次嘗試的時候，顏色看起來都很棒。

值得注意的是，雖然我不喜歡這個過程，但其他人喜歡。當我十幾歲的女兒去年重新裝修房間時，她想親自挑選一種新的壁色，她認為這是一個不可錯過的體驗，讓她的空間成為自己的一部分。在我的幫助下，她先是瀏覽 Pinterest 網頁，再去家得寶（Home Depot）逛，然後在牆上畫了一些色樣。這是一個漫長的過程，而在這種情況下，這是可行的。

決定何時該委外

生活總會出現這樣的時候：我們會從比平常所需的多一些（或多更多）外界幫助中受益；有時我們則在任務的特定階段需要幫助。

請記住，生活就像四季，總有起伏

生活中的某些時節可以想見是充滿壓力的，例如搬到新家、處理繁忙的工作、生小孩，或熬過秋季運動季節。關於我們委託他人處理哪些事物，有時候需要更有策略性，這就是為何我們會為病人送湯、幫朋友搬家，以及在工作期限迫近時被外賣食物誘惑。

我們可以抱持實驗精神，亦即藉由在不同的時間嘗試不同的東西，看看結果如何，然後當時機成熟時，再結合我們所學之事來進行委外。

當你需要他人幫忙你起步

在任務開始時就尋求幫助，能幫助我們節省許多精力。一旦我們開始往前進，就很容易保持運作狀態，但可能需要耗費大量努力才能開始。

你有沒有經歷過需要開始一件事的那種令人氣餒的感覺？我是個作家，我很清楚一張空白的紙有多讓人受不了。把一無所有變成有價值的東西是一件很辛苦的工作，一旦我有了草稿（即使是不怎樣的草稿），我也能把它做得更好。

如果開始做某件事的想法令人畏懼，想想如何能讓別人幫你打造草圖或範本，有沒有其他人可以幫你創造起跑點呢？

昨天我在咖啡店裡，碰巧坐在兩個女人旁邊，她們聚精會神地聊天，我忍不住偷聽了她們的談話。其中一位剛被診斷出患有乳糜瀉（celiac disease），這是一種自身免疫性疾病，需要嚴格地從飲食中排除麩質。她被眼前複雜的任務給淹沒：學習一種新的購物、飲食和烹飪的方法，於是請她的朋友（其家人患有乳糜瀉）傳授她所需要知道的一切。

我聽到他們討論嚴格無麩質生活方式的學習曲線。「我打開冰箱，不知道接下來要做什麼，」這位的婦女說。

她的朋友告訴她：「一開始你會感到不知所措，但你會慢慢學會的。我真希望一開始就知道這一點。」然後她拿出一個文件夾，裡面裝滿了文章、表單和購物清單。她們討論了日常飲食和零食的食譜、外出用餐的策略，以及當她不小心吃到含有麩質的食物時該怎麼辦。當她不知道從哪裡開始時，她經驗豐富的朋友為她指路。

同樣的，讀者們告訴我，他們喜歡一年一度的「現代版達西夫人」（Modern Mrs Darcy）閱讀挑戰，因為他們不需要用自己的創造力才能開始進行，藉由為他們建立一個架構，我們提供讀者可以運作的起點。**人們可視自己的需求調整挑戰，但至少我們提供他們最初的框架或範本。**

我也學會在工作中實施這項原則。開始一件事很難，我沒有必要親自做每一項決定。我的小團隊既聰明又有才華，貢獻良多，所以當我們開始一項專案時，我經常要求他們給我一個起點，也就是藉由腦力激盪，把他們願意和能夠承擔的任務告訴我，並提出時間範圍和截止日期。回應他們已經開始進行的事項，總比我自己從無到有創造出東西容易得多，我會要求團隊闡述說明並提供反饋，但我不會自己生成草圖。你在生活中或許不會管理一個團隊，但這個原則是可以轉移的：當你剛開始起步的時候，有沒有其他人能給你一些可供回應的內容呢？

當你需要他人幫忙收尾

不安全感和恐懼會讓你對於大大小小的事情想太多。當我們不確定自己是否做對的時候，不論是什麼事情，在心理上我們都無法繼續前進，也因此會在無意間為過度思考留下空間。當我們對自己的判斷缺乏信心時，思想會反覆回到未回答的問題或未解決的情況，這是很自然的（甚至是有用的），因為大腦不喜歡未完成的事情。假如能讓自己所信任的人來告訴我們要放鬆，就能停止這種有害的思想循環。

生活中有些事情永遠不會百分之百獲得解決，為什麼不努力藉由解決你所能解決的事情，來保存你的精力呢？例如，找一個專業人士來確認你是否做得對。多年前，在混合健身成為主流之前，我就按照他們的課程計畫，在家中車庫練舉重。依靠書籍和 YouTube 影片的指導，我自學了「抓舉」和「相撲硬舉」等動作，在這些練習中，正確的姿勢至關重要，既能提高效率，又能保證安全。我想我的姿勢還可以，但我很沒有把握，每次我健身的時候，我都在想自己做的對不對。

在我開始混合健身之旅的一年裡，因為工作來到芝加哥，這個城市在當時是全美為數不多的混合健身俱樂部之一的所在地。我預約去健身房參觀，並特別要求教練幫我評估基礎舉重動作的姿勢。舉重時有旁人在看感覺很奇怪，我在 YouTube 上學習這些動作，而螢幕那端的另一個人從沒有見過我實際執行，但這是值得的，教練簡單的一句話：「你做得對」，立刻讓我停止過多的思考。

我發現，有時候一次簡單的對話，就能解決多年來反覆出現的話題所帶來的困擾，例如：「我是否以女兒需要的方式來支持她的學業？」（學校的輔導員證實她一切都好，她不需要，也不希望你成為直升機家長，你做得對）。「我澆水過多會把琴葉榕弄死嗎？」（當地園藝店的專家證實，不，不用管網路上怎麼說，我們這裡的氣候有自己的特色，你做得對）。「我剛剛在我那塊受刺激的皮膚上塗了潤膚霜，會不會其實是更嚴重的症狀啊？」（醫生確認，這正是你需要做的，沒什麼好擔心的，你做得對）。

我們很容易忽略委外的潛力，因為我們並不一定要將待辦事項上的專案外包出去，我們在尋求別人的幫助，來回答一個揮之不去的問題，一旦決定，它就不再占據我們大腦的空間。**當你知道你做得對的時候，你的大腦就可以休息了，你不再覺得有必要去思考那個**

問題，因為那個思維循環已經關閉了。

尋求幫助，過你最好的生活

我們不需要親自做所有的事。當我們讓別人去做的時候，我們就給了自己一份禮物：少了一件要操心、處理，以及管理的事，如此便能更加善用我們的精力，而這只是其中一件事，想像一下重複這樣做的累積效應！

這種策略能保護我們的精神空間，並且經常帶來有趣的額外好處。我們節省了時間，和朋友們玩得很開心，甚至還能省錢。我們會因為別人的專業知識而變得更聰明，也會學到我們甚至沒有察覺自己不知道的東西。

讓別人為你代勞不只是一個實用策略，這是一種讓我們做最擅長的工作、過最好的生活的方式。

不要害羞。請尋求幫助。

下一步

1. 你能想到一個外包成功的例子嗎？也就是當你在一項專案中尋求幫助，並對結果感到滿意的時候。那會是什麼？

2. 有什麼事情是你不想委外處理的（即使你可以外包），因為你非常喜歡親自經手這些事？

3. 有什麼事情是你一直在苦苦掙扎，但你其實可以尋求幫助的？你能找誰幫忙？

4. 你何時經歷過比平常需要更多外包？你預期在接下來的幾個月裡會很忙嗎？你可以將哪些事情外包，好幫助你度過難關？

5. 在你的生活中，是否有哪一個領域是你想知道做得對不對的？如何才能得到幫助來收尾？

第三部

讓陽光照進你的生命

第10章 當事情出錯時

為什麼不及時行樂呢?幸福有多少次遭到準備工作、愚蠢的準備工作所破壞!

——珍・奧斯汀(Jane Austen)

在我大四那年,校園停電了一天。第一個線索是當我早上八點到達圖書館上班,趁著上課前把歸還的書籍重新上架。我拉了拉門,驚訝地發現門上鎖了,裡面黑得可怕。直到那時我才注意到這個標誌:「全校停電,學術和行政大樓關閉,所有課程都取消。」

我趕緊回家和室友分享這個消息。我們為自己的好運歡呼,還沒換好衣服的人也不用急著換下睡衣。我們有一整天,充滿著喜悅,出乎意料的毫無計畫!沒有人有機會為這一天制定計畫,嗯,怎可能有機會呢?我們並不知道這將會發生。那時是九〇年代,沒有人擁有在睡覺時會收到簡訊提示的手機。

這個時機非常特別，那天碰巧是美麗的春日，溫暖且陽光明媚。每個人都往外頭的院子去，在那裡讀書、玩飛盤或與朋友聊天，校園看起來就像大學宣傳手冊的封面。人行道上供應著野餐式的餐點，我們沒有像平日那樣在室內自助餐廳的餐桌上吃飯，而是在戶外涼爽的草地上用餐。

那是美好的一天，即使你想要也無法計畫的那種，我仍然欣喜地記得這一天，而它始於某件完全是出了錯的事情。

我們當中的一些人尋求機會，即興地不按牌理出牌，而另一些人則為一天中的每一分鐘制定計畫。然而，無論我們是天生「隨遇而安」，或是更喜歡精心設計的日常生活，生活都會迫使我們即興發揮。無法控制的事情不可避免地會發生，例如保姆請假、因下雨改變計畫、停電，因此我們必須在當下調整，充分地利用局勢。我們必須改變路線，而且必須立即反應。

這些當事情不如預期發展的時刻，常讓人覺得有壓迫感。任何一種時間緊迫的情況下，必須當下立刻決策，都可以導致過度思考和分析癱瘓症。

我們不能為每種情況預作準備，但我們可以為出錯的事情制定計畫，因為這肯定會發

生。我們可以建立一個允許即興的框架，從而將好的事物導入生活之中，因為事情並非總是如我們所願。我們可以對此感到安慰：一時興起也可以帶來某些最美好的回憶，例如我大學課堂被取消的美好春日。一個意外的轉折可能會讓我們陷入一時的混亂，但如果能夠迅速度過重新協商和決定的混亂過程，可能會在另一端找到快樂。訣竅是知道如何到達另一端，讓我們一起探索該如何做到這一點。

挑一個就對了！

當涉及過度思考，任何決策機會都會充滿危險，特別是在時間緊迫的情況下。即使在有益的選項之間選擇也很困難，額外的時間壓力也增加了風險。當下很容易感到不知所措，並因此做出糟糕的選擇。

在許多狀況下，我自己也有過多次這種經驗。有一次，我和威爾在曼哈頓時，我們提前仔細規劃行程，這樣就可以盡情享受紐約的旅程。有一天我們計畫在現代藝術博物館待一個小時，然後往北向中央公園閒逛，但是當我們在關門之際走出博物館時，遇到一場突如其來的傾盆大雨。這種天氣無法步行，不適合像我們這樣毫無防備的遊客，但距離下一個在附近的預定活動還有整整一個小時，我們被迫隨機應變。與其散散步，我們想：為什麼不躲進一家小商店或餐館喝杯咖啡呢？

但是我們不知道該去哪裡，對這一區並不熟悉，毫無事前計畫，沒有任何值得信賴的建議，而且附近的店家看起來都沒有什麼特別的。我們不想站在街角搜尋選項，更何況也沒有時間這麼做，但也不想挑到一個糟糕的地方，把時間和金錢浪費在沒什麼特點的東西上面。於是我們在同樣的選項中不斷循環，街區上看起來平淡無奇的店家，以及據我們所知更好卻有點太遠了的地方，兩者似乎都不怎麼吸引人。我們害怕做錯決定，陷入了僵局，也沒有選擇任何一項，因為無法決定，所以決定什麼都不做，被困在雨中行走。

這不是一個高風險的情況，後果也不嚴重，只是一場小雨，午後的一杯飲料，卻描述了原本理性的人卻可以完全停止運作，無法成功應對計畫中的微小變化。這種情況太常見了。**我們害怕做錯決定，所以最終什麼都不選擇，並非因為這是正確的選擇，而是因為我們無法通過中間混亂的過程，無法擺脫過度思考並採取行動。**「無法做決定」是個不去做有趣事情的糟糕理由，但它每天都在發生。當我們不確定該怎麼做，或者感到疲倦或不知所措時，我們預設保持現狀，意味著什麼都不做。

當下的後果可能不嚴重，但情況並非總是如此。我們需要學習做得更好。

我有一個朋友，他自稱是對酒吧和餐廳的酒和點心頗有研究的專家，旅行時，她能在全國各地找到很棒的地方停下來喝一杯或吃點東西。在那次令人失望的紐約經歷後，我問她是如何在未經準備的情況下決定去哪裡，祕訣是什麼？

「我一直是這麼做的，」她說，「所以現在這已經算是第二天性了。」她解釋道，雖然她在短時間內發現許多很棒的地方，不過也去過一些實在很糟糕的地方，**但她願意嘗試任何事情。**

「你想要我的祕訣？」她問。「可能發生的最壞情況並不會太糟糕，所以我只是選了一個。」

當明確需要抉擇才能繼續前進之時，我們做的最錯誤之事，就是不採取行動。選擇（任何選擇）要比停滯、陷在爭論選項當中，並讓時間流逝要來得更好。下次面對類似的決定時，試著採用我朋友的心態。隨便挑一個，什麼都好，總比什麼都不做要來得強，況且不按計畫展開的事情往往會成為最美好的回憶。那麼，假若我們沒有抗拒這些出錯的時刻，而是傾向於做決定，美好的事情可能在前方等著我們呢！

挺身向前，期待美好的事物

我們的觀點會影響處理臨時突發狀況的能力。當我們意識到風險很高時，更有可能陷入僵局，特別是如果自身傾向於完美主義。當非預期之中的事情來襲時（哈！），有目的地採取低風險的心態會很有幫助。與其努力選出理想的選項，可以致力挑選一個好的選擇，提醒自己最美好的回憶往往始於當事情出了狀況，與其抗拒改變計畫，我們可以挺身向前，期待美好的事物。額外的好處是，這降低了我們的焦慮，從而更容易做出決定。

當我大學時碰上停電，我們並沒有感到要以最大限度來利用這寶貴一天的壓力，沒有待在室內花好幾個小時討論選項，因為覺得不可能會把事情搞砸。諷刺的是，當我們對安排時間感到有壓力時，就可能更難做到。沒有任何壓力，所以我們挺身迎接新奇的一天，期待美好的事物，而且我們找到了。

幾年前，威爾和我在紐約有過另一次經歷，與之前的那次類似，這回我們更適當地處理沒有按照計畫進行的時刻。這是一次有趣，而且頗有收穫的商務旅行的最後一個早晨，只剩下幾個小時就要離開紐約市，行李已經打包妥當並交給服務人員保管，這樣一來我們就可以在前往機場搭乘下午兩點的飛機之前，不受阻礙地探險。站在九一一國家紀念博物館時，我們的手機響起了簡訊通知：航班已被取消，當天沒有其他的班次，而我們已被重新預訂了隔天早上的航班。威爾和我突然之間在紐約多了十八個小時。

我們不希望發生這種情況，之前規劃何時回家是有充分理由的，但在研究選項並確認我們確實要在城市裡再「困」一晚之後，兩人很享受這個可能性。那段時間能做什麼呢？

過去幾天我們在城裡的每一分鐘都是精心計畫的，現在面對十八小時的自由時間，我們並不擔心如何「最好地」度過，這一切看起來都像是額外的獎勵時間，我們什麼都願意嘗試（至少確認了孩子可以和我媽媽再住一個晚上，也可以回到同一家飯店）。我們沒有周密的計畫，這怎麼可能辦得到？我們完全沒想到還會待在紐約，既然如此，就好好利用這段時間，覺得**不可能會搞砸的**。

我們並沒有努力去做令人難忘的事情，這種情況本身就足以令人難忘。我們去了一間本來沒有時間參觀的博物館，在附近一個看起來很不錯的地方吃飯，然後走了好幾英里路。

雖然威爾和我並非自願取消航班，但有時候可能是自己的失誤，使我們偏離了劇本。以朋友比爾的這個例子來說明。

他和妻子希拉喜歡在旅行時參觀葡萄酒廠，並經常購買幾瓶葡萄酒帶回家作為紀念品。一個普通的星期二，希拉開了一瓶酒來搭配晚餐，她倒了兩杯，啜了一口，說道：「這真是太好喝了。」比爾喝了一口並表示贊同，這真是難以置信地好喝。他仔細看了看標籤，想看喝的是什麼，這才意識到錯誤，他們不小心打開一瓶為特殊場合準備的八十美元的酒！他們本可為自己的混淆而自責，但與其沉溺於遺憾，他們決定向前擁抱這個「錯誤」。這個普通的星期二晚上變成了兩人期待的特殊場合，他們拿出布質餐巾，點燃蠟燭，緩慢地度過晚餐，談論著過去參觀過的釀酒廠，以及那些希望將來能拜訪的酒廠。從那些參訪中，他們會帶更多酒回家，使未來普通的夜晚變得更特別。

我想起亞歷山大．潘恩（Alexander Payne）的電影《尋找新方向》（Sideways）中的一個場景[①]，邁爾士（Miles）向朋友瑪雅（Maya）承認他還沒有打開六一年份白馬堡酒莊（61 Cheval Blanc）這支酒，因為他一直在等待一個特殊的場合，儘管這支酒已經久到有變質的危險。瑪雅鼓勵他說：「你打開六一年份白馬堡酒莊的那一天，就是個特別的日子。」

為突如其來的意外保留餘裕

有時我們會被迫面對非預期之中的事情，但那些可以選擇是否要偏離劇本的時候呢？當我們是被邀請，而不是被強迫時呢？我發現如果在生活中為意想不到的事情騰出空間，則更容易擁抱那些時刻。

當我們以百分之百的力氣全速推進時，是無法偏離計畫的，因為我們沒有餘裕。但是藉由在日程安排中挪出空間，也就是說，在生活和日程之中留有空間，更能夠即興發揮，方法之一是計畫在最後期限前提早完成，充分了解事情會出錯，而且行程安排會被打亂。有人得了流感、網路斷線，筆記型電腦上的空格鍵在完全不對的時刻壞掉（是的，這真的發生了）。

當我們準備好時，就可以在機會到來時抓住它，無論突如其來的機會，或我們邀請來的。有時計畫會遭到取消，必須重新調整，但有時機會是出現在未能預料之處。

保留餘裕時，我們不只是為出現問題預作準備，也為事情出乎意料的往正確方向發展而準備。我小時候，媽媽總是告訴我早點做作業，如果想和朋友一起玩，我就能去了，不會被困在家裡趕著完成作業。現在我已經成年，這個建議仍然是正確的，即使現在來看，細節有點不同。

當我們準備好時，在機會出現時就能夠好好利用。告訴自己你重視人際關係是一回事，但在日程安排中騰出空間來實現，又是另一回事。例如，如果我要送東西到朋友家，她邀請我留下來喝杯茶，有時必須要拒絕。但是，如果我養成在日子裡保留餘裕的習慣，我可以答應她，且不必為了要完成待辦事項清單而驚慌失措，我可以花時間坐下來好好聊一聊，而不是急著離開。

當日程安排有彈性空間時，就可以選擇活在當下。有時這些瞬間讓我們沒有心理準備，但有時可以預期它們的到來，就像去年我們急切等待朋友終身職位申請的消息一樣。經過漫長的過程，我們知道他隨時都可能會收到結果。威爾和我聽到好消息的那天，看了看待辦事項清單，發現還有餘裕，就去紅酒店買了一瓶香檳，那天中午把香檳送到他家，親自祝賀他，如果沒有在日程安排中留有空間，就不可能做到這一點。

若未能身處在生存模式中，意味著無法擁抱突如其來之事。這與我們納入額外的時間，以防有人在完成某重要目標期限之前感染流感的原因相同，只是這是有趣的版本。

如果你的房子足夠整潔，你可以熱情好客（或者你可以把所有東西都堆到洗衣籃裡來清理家裡）；如果你已經完成了家務工作（或者至少不是拖得太晚），當機會出現時，你就可以和朋友一起玩樂。我們家在刻意抓緊即興發揮的機會這方面，已經進步了許多，例如巧遇朋友之後，邀請對方來家裡吃午飯。當冰箱有庫存且工作大致完成時，這些餘裕為生活帶來了更多計畫外的快樂。

因為不同以往，打破常規會特別令人難忘，所以挺身向前吧！也許你瞥見了美麗的日落，所以出去散步好好欣賞一番。也許天氣特別地晴朗，所以你拋下週六的家務，前往公園（在一個美麗而非常溫暖的日子裡，似乎整個城市的人都在公園裡，正是這個原因）。在這些情況下，你可能需要提醒自己，雖然保持現狀總是更容易些，但待在家裡有點單調，是有理由採取行動的！

善用這些機會

當計畫出錯或日常生活被打亂時，你可能高興不起來，許多過度思考者天生就堅持框架和可預測性。思考一下你的例行公事和計畫，當留有餘裕時，會為突發之事創造空間。

當你面對一個預料之外的決策時刻時，是很容易不知所措的，但是要到達美好事物所在的另一邊，你必須進入不確定性和決策的混亂當中。快樂就在盡頭，唯一的出路就是穿過去。

當然，這可能很困難。當你被迫轉向時，必須抉擇，也許你並不想這樣做。走阻力最小的路比較容易，但是對突發之事保持機警是有原因的，不要浪費這些機會，善用它們。

下一步

1. 當事情發生出乎意料的變化時，你通常如何反應？

2. 最近一次隨性而做的事情是什麼？結果怎麼樣？

3. 你是否曾經歷因為「錯誤」而造成的特別時刻？是什麼事？

4. 你什麼時候成功做到「選一個就對了」？

5. 你是否覺得現在的生活有容納意外的餘裕？如果是，是什麼起了作用？如果沒有，你如何預留餘裕？

第 11 章 打造可以依賴的儀式

艾爾認為，儀式很像數字，它們在原本混亂的生活洪流中，提供了令人欣慰的穩固性。不僅如此，儀式是維持時間的一種方式，不是凍結它，而是相反，通過你的想像來溫暖它。

——艾瑞卡．包曼斯特（Erica Bauermeister）

有多少人是從早晨咖啡開始新的一天？在衝出門時，你可能會將咖啡倒進隨行杯中，在去上班、健身房或公車站的路上攝取咖啡因。但是想像一下，你採取了新的習慣，也許你決定抽出時間品嚐第一口咖啡，也許你決定說出一些感謝的事情，並在喝咖啡的時候為即將到來的這一天，設定簡單的目標。第一個選項是例行公事，但對於第二個選項來說，儀式與飲料一樣重要。

想像一下場景如此展開，你的早晨序幕與數以百萬計的其他人完全一樣：搖搖晃晃地起床，直奔廚房。

過去還必須等待水壺中的水在爐子上燒開，但終於購買了電熱水壺，這是一款程式控制的水壺，在你睡醒時，熱水就已經準備好。在這樣寒冷的早晨，這是你起床的最大動力，因為你知道在幾分鐘之內就可以喝到第一杯咖啡了。

你拿出秤，秤重，然後把豆子倒進研磨機。噪音首先進入你的耳朵，然後新鮮研磨咖啡的香氣充滿了廚房。你將新鮮研磨的豆子粉輕輕敲入濾器，開始傾倒，看著三百五十克咖啡粉倒入濾器。你喜歡分毫不差地擊中這神奇的數字。

你過去一向在倒水的時候會偷個幾分鐘來看書，但現在你不再這樣做了，因為你已經了解，至少在這第一杯咖啡時，你喜歡專注在發生在當下的事情。所以你有節奏的倒入熱水，看著咖啡在濾器裡綻放，聽著它滴入杯子的聲音，觀察氣味是如何變化和綻放的。

你傾向輪流使用幾個馬克杯，但今天早上你拿起了最喜歡的那一個，已經清洗乾淨、放置在櫃子裡等著你。你倒入咖啡，享受咖啡注入杯子的聲音。

你坐到椅子上，拿著剛倒好的咖啡、筆記本和早晨讀物。你品嚐了第一口，感謝美好的咖啡，然後拿起書。你正在閱讀帕克．巴爾默（Parker Palmer）的作品，只剩下幾章了，你漫不經心地想著接下來要讀什麼，也許是那些購買了但遲遲還沒讀的詩集之一？早上讀幾首詩或許就是為一天定下基調的事，但現在不是考慮此事的時候，你把這個想法拋在腦後，拿起巴爾默的書。

這一章很短，所以你又讀了一章。你擁有時間，現在感覺你除了時間之外，什麼都沒有。當咖啡喝完一半時，你拿起筆記本，看了看那些前一晚列下的今日待辦事項清單，現在你已經清醒且精神集中，你準備好看看這天會發生什麼。

你可以從一杯咖啡開始新的一天。或者你可以把日常生活變成一種儀式，讓你記住你是誰，你重視什麼，你想完成什麼。

如何將例行公事變成儀式？

乍看之下，儀式和例行公事有很多共同點，兩者的區別不一定在於行為，而在於背後的態度。例行公事是逼不得已而做的事，但儀式是源自於一個描述與宗教儀式有關的事物的拉丁詞，這個含義仍沿用至今。這個詞也可以指一個人習慣地、持續地、幾乎是虔誠地進行某件事情。儀式是我們出於更崇高的目的而做的事。

看待事物的態度會改變我們體驗事物的方式。對於儀式來說確實如此，我們不需要典禮或特殊場合來體驗儀式的力量和快樂，儀式可以是定期執行，圍繞著小事進行。那天早上的咖啡是習慣性的（慣例），但也可以變得有意義（儀式），嗯，我不只是指咖啡因。

將慣例提升至儀式不一定是困難的。你可以定期在週末早上打電話給姊姊，或者你可以特意打電話給她，把星期六早上的時間空出來，蜷縮在你最喜歡的椅子上，手裡拿著電話，不只分享那天早上的心事，也分享過去一週最精彩的部分，對接下來一週的希望，以及你對父母、孩子和工作的擔憂。一個是例行公事，另一個是儀式。

你可能依慣例在週五晚上點披薩，因為在辛苦了一星期後你已經精疲力竭，無法多想晚餐的事。或者週五的披薩之夜可以成為一種儀式。一週的工作天結束後，你可以經由播放音樂、開一瓶葡萄酒、熱切地擀麵團，然後在烤披薩的時候拌個沙拉來迎接週末。很快就可以坐下來享受你的家常菜餚了，就像週五晚上的習慣一樣，當然，你也可以訂購達美樂。這是我們懷著強烈的感激之情，經常在家裡做的事，使之成為儀式的不是披薩，而是背後的態度。

將某件事提升到儀式狀態不會太困難，一切取決於你的態度。當我的朋友離開陽光明媚的亞利桑那州，前往下雪的猶他州時，她的家人努力適應新的冬季氣候，所以決定每年都去溫暖的地方旅行。他們做了一件更重要的事情，為了提醒大家旅行的目的，他們替它取了一個名字：避冬之旅。這個簡單的舉動讓這趟旅行變得更有目的，也更重要，這個名字提醒了每個人為什麼要去、為什麼需要它、意義是什麼，以及代表他們是一家人。這個名字改變了他們對這趟旅行的看法，以及對自己的看法。

雖然一致性是關鍵，但儀式的形態可能有所不同。你的儀式可能會隨著季節而改變，無論是一年中的季節或生命的季節。在寒冷冬天的清晨沿著河邊晨跑可能是種折磨，但在炎熱的七月裡卻是不可或缺的。隨著季節的變化，一杯提神醒腦的下午茶可能會變成一杯提神醒腦的冰鎮飲品。我們可以依靠儀式，同時根據需求調整細節。

儀式的力量

沒有一種儀式是萬能的。適合你朋友的儀式，可能是你最不想做的事情，也沒關係。儀式的力量不在於早晨的咖啡或週五的披薩，也不在於打擊手在投球前朝本壘板敲打四下的「幸運」敲擊，而是在於儀式背後的態度。儀式（任何儀式）建立了一定程度的心態，也許這就是為什麼儀式對那些聲稱它們不重要的人，也會有好處的原因①。當例行公事行得通時，就不需要專注力，但**儀式要求我們充分參與正在進行的事情**，即使就像品嚐一杯茶那樣簡單。具體的行為並不重要，它的節奏、規律性和意義才重要。用儀式感來做事時，我們有目的地進入生活中，迎接每一次的新鮮體驗，是也有規律的基礎。

儀式幫助我們練習正念

我們可以不費心思地遵循常規，但我們無法同樣地對待儀式。儀式將慣例的節奏與專注的注意力結合起來，是避免過度思考的有力組合。當我們專注於當下時，很難過度思考。**儀式也迫使我們放慢速度，刻意放慢身體時，同時也會緩和我們的思緒。**我們在儀式中所產生的想法並不重要，重要的是當下我們的注意力集中在手邊的事情上。隨著時間的推移，我們會偏離道路嗎？當然會。但是，如果確立正確的方向，我們就會少走很多彎路。

適當的早晨儀式可以鼓勵我們有意識地迎接一天。如果我們是以有目的地喝咖啡、練習感恩，以及寫筆記來拉開一天的序幕，可以從這段時間得到平靜、專注，以大局為重的心態來迎接這一天。這個清晨儀式勾勒出一天的框架且集中精神，對於想要避免過度思考的人來說，具有兩個有用處的實踐：我們不會感到匆忙或煩惱，使我們能活在當下。**如果我們並未有意識地集中注意力，思緒就會隨心所欲地遊蕩，這可能是件可怕的事情。**

我想提醒的是，我們也可能無意中採用了讓注意力集中在錯誤事情上的儀式，而助長過度思考。或許你的早晨儀式除了喝咖啡，也瀏覽新聞網站。你的意圖是好的，你希望成為一個有見識的公民，且希望在一天的開始能了解時事。但是，你並沒有專注於你的優先事項，而是被訊息轟炸，在接下來的早晨都煩惱著頭條新聞。

如果你的早晨儀式使你在一天中感到壓力和分心，選擇令人安靜的讀物能讓你處於正常健全的思考空間。你選擇專注於什麼事是很重要的。你的早晨儀式會為一整天定下基調，所以要避免讓你過度思考的事情，進而剝奪了儀式可以帶來的意義和平靜。

儀式幫助我們重新調整

由於我們的思緒不可避免地整天到處飄蕩，儀式可以輕柔地把它們帶回所屬之處。多年來，我虔誠地從事一個下午兩點的儀式，每當我提到這個不尋常的午休時，人們都會很感興趣地詢問細節。

以前我在早上盡可能地迅速工作。可以預見，我的精神和體力在中午左右就逐漸消退，到下午兩點鐘時就已經累癱了。

我會關掉電腦，泡杯咖啡，拿起一本書閱讀十五分鐘，這種短暫的放縱提供了一種平衡感和控制感，即使在此之前我是感到失衡和失控的。接下來，我會花幾分鐘時間回顧當天剩餘時間要做的待辦事項，並再重新回到工作，調整優先順序。

這個儀式充當了停止標誌，一個安全防護裝置，一個沒有過度思考的喘息之島，從某種意義上來說，我可以重新開始。不管我在下午兩點時的思緒偏離多遠，我按下了重開機的按鈕。當我結束午休時（如果必要的話，可以在二十分鐘內完成），我感到精神煥發，並準備好有目的地度過剩餘的一天。我最享受的時刻是當我真正在閱讀的時候，這種儀式在早晨也對我有所幫助。當我累了或心煩意亂時，知道下午兩點的重開機時間即將到來，就可以振奮一下士氣。

因為我曾經在部落格分享我的下午兩點這個儀式，多年來許多讀者寫信告訴我，關於他們受到啟發而實行的午后儀式。根據讀者的反饋，一個有效的中午重開機儀式應該包括一點樂趣（比如我的咖啡和閱讀）、一點優先順序的調整，以及一點散步（許多讀者誓言要快走、快跑，或其他在清新空氣中的時間）。

如果你想建立自己的儀式，但不確定要從哪裡開始，這些元素對許多其他讀者非常有用。再者，是何種儀式並不重要，只要你始終如一地遵循它。

晚間儀式幫助我們準備入睡

對於許多人來說，會過度思考的主要時段是就寢時間。我們躺在床上，思緒飄向過去一天發生的事情，想著本來可以用不同方式處理的事情，並為明天會發生什麼而煩惱。就寢時間是利用儀式力量的好時機，它使身體放鬆，進入寧靜的心態，讓你可以平靜地進入夢鄉。

額外的好處是，規律、優質的睡眠，而且足夠長的時間，這對於不過度思考至關重要，到了早晨時也就做足了不過度思考的準備。

有些人聽安靜的音樂，或做伸展運動，或者寫床邊日記。我知道我喜歡在睡前做什麼。我從廚房開始，因為我發現預想第二天早上的事情，可以激勵我準時上床睡覺。我選了早上要點的蠟燭，並設定水壺計時器，當我醒來時就有熱水。在關燈之前，我做的最後一件事是閱讀幾章有趣的小說，但不是驚悚小說，以免我會熬夜到太晚。我比較喜歡此時看小說，因為不用在睡前沉湎於自己的擔心，而是專注於那些虛構人物，然後想著他們的問題睡著，而不是想著自己的問題。

儀式將我們彼此聯繫

牢固的人際關係對我們有好處，而儀式是建立這種關係的絕佳方式。這個儀式可以很簡單，就像你長期規律執行的咖啡約會、與朋友們特意慶祝能聚在一起的晚餐聚會，或者是工作日的家庭晚餐。關於家庭聚餐已有大量的研究②，結果令人震驚：這種簡單的儀式增進孩子的情緒穩定性，穩固他們的認同感、自信和連結感，並加深其韌性，這些特質都為他們提供一個堅實的基礎，得以去外面的世界冒險（或者，現實面來說，進入他們自己的思想洞穴）。這個穩固的基礎在過渡時期或在壓力倍增時特別有幫助。

晚餐時間並沒有什麼了不起，重要的是與他人聚會時所發生的事，儘管食物確實會促使人們出席的意願。事實上，我母親斷言她的祖母與她所有的孫子們保持密切的關係，是因為她長期邀請全家人在週六早上一起吃早餐。如果他們來了，她就會做飯。他們確實來了，她也準備了食物。如果沒有食物，他們就不會那麼有動力來了（當時她的許多孫子都是青少年，我的曾祖母說以早餐建立的儀式並非巧合！）。意義不是來自於食物，而是來自於餐桌上發生的事情：社群意識、談話，以及相聚在一起的承諾。

我們的朋友戴夫和阿曼達去年前往以色列旅行，親眼目睹當地猶太人實行的安息日儀式。整個社區奉行每週都要休息一天，從星期五日落直到星期六晚上天際出現三顆星星。我們的朋友不是猶太人，但在以色列負責接待的猶太家庭鼓勵他們回家嘗試這種做法，看看是否會改變他們看待世界的方式。他們嘗試了，確實有改變。

戴夫和阿曼達用盡心思地執行受到安息日啟發的儀式（當我觀察阿曼達時，她笑了。「戴夫不會半途而廢的，」她說道）。他們的新儀式包括特別準備的菜餚、簡短閱讀祈禱文、常客和嚴格的禁止科技產品規則。戴夫和阿曼達邀請我們一家人在一個星期五晚上加入，戴夫提前幾個月就發出邀請。我們星期五晚上到達，只帶了一瓶酒。戴夫已經在烤架上烤他的招牌雞肉，這是他每週都會準備的相同食譜。我們在燭光下吃飯，跟著戴夫讀了他們選擇的禱告文。吃完飯後，我們在後院露台上逗留到深夜。

你不必像戴夫那般全力以赴地體驗儀式的好處。透過表示你的重視，就可以將簡單的用餐或聚會提升為一種儀式：擺好桌子，點燃蠟燭，在中間放些花，或者感謝與朋友或家人共度的時光。你可以盡心竭力地做上述四件事，重點不在於穿著，而是在於人。

成為不容易過度思考的人

儀式可以幫助每天不要過度思考，可以主動引導我們的注意力，在必要時停止過度思考。由於練習儀式的益處隨著時間的推移而積累，儀式也有助於長期性地停止過度思考，那是因為儀式的定期實踐為日常提供了節奏和意義，並增加連結感。

也許令人出乎意料，儀式也增強了我們的認同感，帶來一種安全感，因為儀式不僅僅是我們做的事情，而是我們選擇的事情。儀式著重在我們的優先事項、健康和人際關係，使我們的小世界變得更美好、更和平。當我們腳踏實地且健康時，就不容易想太多，當我們與人建立連結，並且感受到支持時，就不太可能陷入困境。

如果你想擁抱儀式的力量，不需要找到完美的那一個；相反地，重點是在生活中融入更多的儀式，從簡單的開始，並享受其中的好處。好處有很多。

下一步

1. 你目前倚賴哪些儀式？

2. 有什麼你想執行的儀式嗎？是什麼？

3. 你能找出任何可以提升為儀式的例行公事嗎？你需要進行哪些調整才能達成呢？

第12章 讓我們揮霍吧！

「你難道不會只為了讓自己感覺良好而做某件事？」助理聳了聳肩。「小姐，你需要在巴黎多待一點時間。」

——喬喬・莫伊絲（Jojo Moyes）

這封不能再更有禮貌的電子郵件讓我陷入了混亂。信件內容確認了我們在博格爾餐廳（Bogel）預訂的六人座位，儘管預訂這個詞並不完全正確。這家餐廳出售座位，就像劇院出售熱門表演節目一樣，換句話說，它們不提供退款，並且提前售罄。威爾和我在幾個月前就購買了，當時看起來似乎是個好主意，但是當我看到白紙黑字寫著，是的，我們真的為這次體驗付出了那麼多錢，我唯一能想到的是：我們到底在想什麼？為什麼要為孩子們浪費這麼多錢吃一頓晚餐，他們甚至可能還不到能好好體會的年紀？

威爾和我以前去過一次餐廳慶祝特殊的事情，只有我們兩個人。那個夜晚很特別，從第一口到最後一口都令人難忘。食物令人驚艷、挑逗、與眾不同，確實像劇院一般，我們一邊吃一邊不停地說：「這個地方會讓孩子大吃一驚，帶他們來應該會很好玩吧？」我們在心裡把再次回訪的可能性歸到「也許有一天」的類別，餐後有好一段時間，我們持續討論著一家六口再來一次的可能性。

在那難忘的一餐之後，過了將近兩年，我們買了票。威爾和我正坐在沙發上看《公園和遊憩》（Parks and Recreation），而威爾正在滑手機，這時有個消息引起了他的注意。「嘿，」他說，「如果我們真的想帶大家去吃飯，我們可以在陣亡將士紀念日（Memorial Day）的週末訂一張六人桌坐位。」我們已經計畫在那個週末與城裡的大學朋友見面，多加一天時間去吃晚餐不是問題。那樣不是會很好玩嗎？

這些票會在幾分鐘或幾小時內被搶購一空，如果我們想要，就必須迅速採取行動，而我們已經考慮多年了。我們決定大膽一試，威爾拿起簽帳卡，預訂了幾個月後的一張六人桌座位。

在接下來的幾個月裡，我沒怎麼想到這尚未到來的預約，我的注意力集中在忙碌的當下。接著我收到電子郵件，一封簡單的訊息確認我們的訂位。原本的目的是替美好的體驗預做準備，但我們才慢半拍地因為高昂的價格而感到瞠目結舌。我們做了什麼？還有，可以反悔嗎？腦中閃過各種可能性，試圖想出一種方法來取消這無法退費的預約，並拿回我們的錢。我真的想要這麼做嗎？

我一直在想我們的孩子，特別是，我意識到還沒調查過這家餐廳是否允許孩子入內。我們理所當然地認為孩子們會很愉快，也會非常守規矩，但我是在開玩笑嗎？我用Google搜索了這家餐廳，發現去年廚師斥責了一對因為保姆請假而帶嬰兒去晚餐的夫婦。也許我們可以打電話去解釋情況，可能這會是我們的出路。

驚慌不安隨之增長，威爾看著我咆哮。「你是有什麼問題？」他問道。雖然據他所說，他實際的話語更溫和，問題也很合理。「我們同意這樣做，」他指出。「我們一直都很期待。是什麼原因改變了？」

我努力地解釋道。「我是很興奮的，」我告訴他。「我覺得這將是一個美好的夜晚，孩子們會永遠記得，但是這個花費比平常要來得高，這讓我感到不安。我一直在想，我們是否做了對的事情。」

非典型的放縱

本質上來說，揮霍是一種超出我們生活常規的體驗，這是當我們以一種平常不會採行的方式自由地，甚至是奢侈地花費，通常是指金錢。在旁觀者眼中是揮霍，這是讓我們感到奢侈的放縱。

在討論揮霍時，並不是在談論衝動購物、一直花大錢或入不敷出。揮霍是有策略地調度資源，我們能夠揮霍且在經濟上負責任，只要有金錢支付揮霍，以及具有引導揮霍的原則（我們也可以揮霍但不花一分錢，稍後會詳細介紹）。

我喜歡揮霍的想法，但也許是因為童年的訓練強化了我的節儉本性，我很難採取行動。我知道不只有我是如此，我們如何判斷揮霍是否合理呢？

特殊體驗可能是昂貴的

我打開那封餐廳發來的電子郵件，並根據平常的成本效益分析來計算這些數字。當我計算用餐時每小時的花費，不，是每分鐘的花費，並且知道我們晚餐結束後能展示的只是一張照片和一份紀念菜單，要說「好」是不合理的，至少按照我平常理解事物的方式是如此。我擔心我們可能會浪費錢。

威爾的天性也是明智而審慎的花錢，但收到確認預訂的電子郵件時，他並沒有嚇壞。「這是合理的，我們會玩得很開心，孩子們已經長大了，能夠享受的。這將是值得的花費，」他告訴我，然後他想起了什麼，「這樣想吧：還記得我們大家去比爾特莫（Biltmore）的時候嗎？」

我確實記得。前一年，我在艾許維爾（Asheville）辦了一個簽書會，我們決定帶家人一起去度週末。馬拉普洛普的書店（Malaprop's Bookstore）慷慨地安排我在楓葉季節到訪，那是一個美麗的秋季週末，色彩繽紛且溫暖。

我們沒有提前計畫週末遊玩去處，只想健行、吃飯和逛書店。第一天晚上入住飯店時，我們發現自己距離比爾特莫莊園（Biltmore Estate）只有幾分鐘的路程，這是收藏家喬治．范德比爾特（George Vanderbilt）隱藏在藍嶺山脈中的宏偉城堡風格住宅。自從我在魏滔．黎辛斯基（Witold Rybczynski）的迷人著作《遠方林中的空地》（*A Clearing in the Distance*）中讀到莊園的建設時，就渴望親眼看看這片土地。

威爾和我開始研究。我們就在這幢建築附近，也有空閒時間，可以輕易買票出發，但是昂貴的入場費讓我們遲疑，孩子不常參觀歷史悠久的房子，他們能夠享受這個體驗？我沒有信心。我並不熱衷於花那麼多錢，只覺得浪費了，我們該怎麼決定？

在我們討論的過程中，威爾想起他讀過的一篇文章，其中捕捉到一些我們說不清的感受。這篇文章提出關於旅行經濟學的簡單真理：一個地區的主要目的地，或「特殊性的體驗」，通常有著昂貴的標價，我們被價格嚇到時，也讓我們隨時記得這個真理。它們通常是昂貴的，但有充分的理由，而且往往是值得的（不像動物園裡六美元的瓶裝水，或是糟糕的機場咖啡等愚蠢事情，沒有人稱這些東西是令人愉快的奢侈）。比爾特莫無疑是一次特殊性的體驗，價格超出平常的水準，但體驗也保證是如此。

我很重視創造回憶，所以我抑制了反射性的畏縮，買了第二天的票，六張票。

在馬拉普洛普的書店的那個晚上，讀者問我們在城裡的時間是否會去參觀比爾特莫，我解釋我們一直猶豫要不要買票，但手頭上已經有票了，他們一次又一次地強調，這非常值得，我們不會後悔的。

他們是對的。孩子們被這棟莊園所震撼，這是他們以前從未體驗過的規模，並且享受探索這個莊園。意外的收穫是看到了聖誕裝飾佈置。莊園的語音導覽幫助我們更深入了解眼前的景緻，以及了解這不只是一個家，而是歷史的一部分。眺望比爾特莫森林的紅葉是我最喜愛的部分，親眼目睹之後，我們可以理解為什麼許多人認為這是該地區的必訪景點。

特殊性的體驗通常很昂貴，有時甚至極其如此，但威爾提醒我，我在比爾特莫唯一的遺憾是，我們沒能花更多時間待在那裡。

威爾提出充分的理由，回憶那些花費超過舒適範圍的經驗（非常地明智），即使覺得不符合我們的個性，卻很慶幸那麼做了：一天在瑞格利球場（Wrigley Field）、去一趟帝國大廈頂樓、《漢彌爾頓》（Hamilton）的門票。沒有便宜的方法來做這些事情，但每次花費都是值得的。我們有回憶可以來證明這一點，「你不覺得這頓晚餐算得上是一次特殊性的體驗嗎？」他問道。

我明白他的意思，我沒有擁抱經驗所帶來的美好事物，只是一直努力想辦法擺脫它，但如果我能學會改變衡量的方法，並且專注於揮霍能真正讓我得到什麼，則可以為自己省去很多憂慮。

改變衡量方法，以決定是否值得進行

許多人為了過度思考涉及金錢的決定而苦惱，可能是因為難以建立一個清晰的模式，來思考非典型的支出？

當考慮揮霍時，我常害怕會做出讓自己後悔的事情。並不是因為買不起或不想花錢，而是因為那不合乎我的個性。但正如威爾提出的，我也會後悔沒有做那些能帶給我快樂的事情，只因為它的花費比我習慣支付的要高。也許根據我們平常的計算方法，在轉瞬即逝的體驗上任意消費是不合理的，但揮霍不是經常發生，我們該如何根據其獨特性來衡量呢？

回想起過去的揮霍時，我記得的不是每分鐘的花費，而是回憶，那些不可磨滅的時刻在腦海中占據足夠的空間。孩子們還是會談論比爾特莫和小熊隊（Cubs）。當我們去劇院時，不會保留節目單，但回憶是永恆的。當然，我們本來可以放棄這些經驗，而選擇更便宜的東西，但從這個觀點來看，我很高興我們沒有這樣做。

當我思索我希望從這些非比尋常的經歷中得到什麼時，我想到一位朋友曾經告訴我，他最喜歡的童年記憶都是從同一句話開始：「讓我們揮霍吧！」他的媽媽喜歡揮霍，每當她說這句話時，全家人都知道一場難忘的體驗即將來臨。

心理學家湯瑪斯．吉洛維奇（Thomas Gilovich）和阿米特．庫馬爾（Amit Kumar）研究人們在物質商品或是體驗上花錢，何者能獲得更多的幸福，結果體驗遠遠獲勝。很大的程度要歸功於體驗比物質財富更能將我們與他人聯繫起來，並且在自我意識中發揮更大的作用。「以一種非常真實的方式來說，我們是自身經歷的總和，」吉洛維奇和庫馬爾寫道。[①]即使很久之後，經歷也會成為我們珍藏的記憶，繼續與他人分享。「我們直接地與其他人一起共享這些體驗，」吉洛維奇說。「結束之後，這些經驗成為彼此講述故事中的一部分。」[②]

下次考慮揮霍時，問問自己，那筆錢真正能買到什麼？我希望從這次體驗中得到什麼？我如何衡量投資報酬率？生活是一系列的經歷。我們的揮霍可能不便宜，但回憶是無價的。

請記住，金錢不是唯一的貨幣

幸虧不是所有的揮霍都需要大筆資金。有的時候一筆小額支出也會讓人感到愉快，以及難以置信地的奢侈。我的孩子們最喜愛的回憶之一，是他們第一次去紐約旅行，在城裡的最後一晚，當時威爾和我讓他們選擇任何自己想要的食物做為晚餐。

他們選擇了一家自助式的餐廳，也就是那種走到櫃檯前，指著想要的餐點，東西馬上被放進盤子裡的餐廳。他們選了絕對不在任何「紐約最佳餐廳名單」上的披薩。然後，揮霍的部分來了：我們讓孩子從冷藏櫃中挑選自己想要的任何飲料。在我們家，我們一直以來只喝水，汽水對我們來說不合常理，當然孩子們很喜歡。這些飲料總共花了八美元，但錢並不是唯一的貨幣。孩子們很享受這種難得的放縱，並談論這頓「非常棒」的晚餐好長一段時間。

有時，「花費」的不是金錢，而是其他東西。

我表妹一家住在西岸的一個小鎮。我和表妹從小就很親近，現在我幾乎見不到她和她的家人，尤其是因為從我們的居住地到他們的城市需要轉搭三次飛機，所以當他們宣布計畫來與我們同住一星期時，我們欣喜若狂。

他們在鎮上的最後一晚，我們計畫留在家裡。週五晚上是我們常規的披薩之夜，來訪的孩子還在蹣跚學步，考慮到他的日程安排，我們提前點餐。晚飯後正在清理時，我拿起手機快速查看電子郵件，我們一整天都在外面，我想確保週末之前沒有任何需要快速處理的事情。工作看起來狀況良好，但另一則訊息引起了我的注意。

一年多來，威爾和我一直期待一家位在舊社區的新店家開幕：結合了咖啡店和冰棒攤位，全家人都迫不及待地想要光顧。但是，施工許可證未按計畫通過，導致一拖再拖，現在，出現在電子郵件中的消息是：那天晚上是第一次營業，只開張幾個小時，限定朋友和家人，冰棒都是免費的。

廚房時鐘顯示八點十五分。我們買得起免費的冰棒，但我們能負擔得起讓大家這麼晚睡嗎？當時已經些許晚於我家最年幼孩子的就寢時間，遠超過我表妹三歲孩子應該睡著的時間。如果我們那時離開家，每個人都會太晚睡，但第二天表妹和家人就要飛回加州了，在他們離開之前，我就已經開始想念他們了，而且時差不是本來就會影響生理時鐘嗎？熬夜一晚不會是末日的。

我悄悄地問表妹，「妳要去吃個甜點嗎？」她被這個問題嚇了一跳，先看了看時鐘，又看了看女兒，說道：「為什麼不呢？」她對丈夫低聲說了，丈夫聳了聳肩，說：「這是最後一晚，我們走吧！」我們把每個人都塞進小休旅車，然後開往新開的冰棒店。

店裡擠滿了滿意的顧客，但因為不需要付錢，所以排隊前進得很快。真正要花時間的是決定嘗試哪種口味：百香果、草莓檸檬水，或餅乾和奶油？我們湊巧看到一個小雅座，擠了進去，享受著我們的免費冰棒。店主四處走動，詢問我們是否享受這份款待，並慫恿我們嘗試另一種口味，甚至兩種。「你想再去多少次，就去多少次，」他說，所以我們又回到了櫃檯。我那青少年兒子還以為他來到了天堂。我們大笑，分享著冰棒，試著嚐遍所有口味。我們太晚睡了，遠遠超出我們的慣例。

這是那一星期裡我最喜愛的回憶。

致「新體驗」

現在，當我決定是否要揮霍時，一切都與體驗有關。當提及孩子們和昂貴的晚餐時，我希望能留下難忘的回憶。

威爾說：「即使這不是他們吃過的最好的晚餐，你不認為他們會記得嗎？」

他們當然會。我很確定。這讓我疲憊的大腦得以放鬆。

在我對那封訂位確認郵件感到恐慌的幾週後，我們收拾行李前往芝加哥。在鎮上的最後一晚，我們盛裝打扮前往餐廳。我們提前教導了孩子們，「目的不一定是要享受一切，」我們告訴他們，「而是要察覺什麼是有趣的。不要期望這是你吃過最好吃的食物，但要觀察什麼是令人難忘的。不只要注意它的味道，還有它的外觀、氣味和聲音。」

不過，因為孩子終究是孩子，我們補充道，「還有不說便盆笑話。」

帶著孩子讓我感到有點怯懦，但當我們走進門時，餐廳老闆看到有三十歲以下的客人，眼睛立刻亮了起來。我們坐在一張中央放著一個冰冷銀碗的桌子，我祖母以前用的那種，桌上堆滿了柳橙、迷迭香和其他我無法辨認的藥草（一小時後，服務生小心地將熱水直接倒入中央的擺飾，將芳香的蒸汽滾滾翻騰至周圍的空氣中）。

他們為大人倒香檳，幫孩子拿氣泡蘋果汁，當然也是用成人的香檳杯。威爾舉起酒杯敬酒：「為了新體驗，」他說，我們都碰了杯。

在接下來的三個小時裡，我們吃了極其美妙的食物，與以前吃過的任何東西都不一樣，這並不誇張。我們的服務生在看到孩子時和老闆一樣興奮，他仔細地解釋每道菜，通常包括指導該如何吃這道菜。

用餐兩個小時後，服務生來到餐桌前說：「放下叉子，是時候去實地考察了。」

「你和爸爸上次有這麼做嗎？」孩子們問道。

我們沒有。威爾和我咧嘴笑得像個傻瓜，因為這對我們來說也是新鮮事。我們折好餐巾，跟著服務生迂迴地穿過餐廳，終於到了廚房。是廚房！我們欣然接受，試著不盯著在周圍辛勤工作的廚師，然後調酒師示範如何在這著名的廚房裡，用漂亮的老式調酒器製作特調雞尾酒。他為大人準備杜松子酒，為孩子們準備麥根沙士，歡樂無限。

我們疲累、飽足、快樂地離開。在開車離去之前，我們在街旁拍了一張過度明亮的照片，這就是我們那晚展現的所有東西，以及一份將風味概念化的紀念菜單，在現在看起來幾乎沒有意義。

但是，那頓晚餐值得每一分錢。

下一步

1. 你通常對揮霍是欣然接受，或你也對非典型的支出感到畏縮？

2. 你能回憶一次難忘的揮霍經驗嗎？那是什麼？

3. 你是否不願意放棄金錢以外的資源，比如時間、精力或例行公事？試想有什麼令人難忘的揮霍可與上述其中之一連結呢？

第13章 微小的改變，簡單的富足

「我今天感覺不太像維尼，」維尼說。小豬說：「好了，好了，我幫你拿茶和蜂蜜，直到你感覺像自己。」

——米恩（A. A. Milne）

我走進喬氏超市（Trader Joe's），手裡拿著購物清單，馬上就看到鮮花陳列區，這顯然是店裡我最喜歡的部分（好吧，這一區和起司區），而我總是迫不及待想看看有什麼可買的。我查看了一下當天的選項：色彩柔和的鬱金香、迷你玫瑰和長莖百合，還有三種不同的繡球花。我該不該買？我當然想買，但是我今天真的需要鮮花嗎？

我斟酌考慮了我的選項，最後把繡球花放到購物車裡。但也許我應該買鬱金香？我把繡球花換成了紫色鬱金香，並選擇了一些綠色植物來搭配。但我真的需要它嗎？我顯然把這件事想得太複雜了。我不需要綠色植物，我可以在自家後院取得。我把綠色植物放回原處，在商店裡轉了一圈，把清單上的品項打勾劃掉，小心翼翼不把鬱金香壓壞。我真的需要鬱金香嗎？排隊結帳時，我仍然盯著鬱金香，也許我真的不需要花，如果我不確定，我應該把它們放回去。於是我把花放回原處，再回去排隊結帳。

我付了錢，把食品雜貨放進車內，然後開車回家。當我打開購物袋時，我發現兩件事。

我忘了我真正需要的沙拉醬，雖然它明明就在我的購物清單上。

現在我回到家，審視著我那乾淨但略顯空蕩的廚房檯面，我發現我選擇錯了，我應該把花買下來。即使雜貨已經買好且放好了，我仍然在想那些沒買到的花。

這個決定（以及許多類似的決定）無足輕重，只是去雜貨店，花五美元買個東西，幫廚房檯面添上花飾。這個決定很難改變人生。

但話說回來，生活就是由這樣的時刻組成的。**我把寶貴的時間浪費在考慮無關緊要的事情，說服自己放棄那些我知道會給我帶來快樂，即使做了也無傷大雅的事情，**儘管購入成本不高，但快樂卻是巨大的。

這還不是全部。我沒有去想當下的任務，反而陷入無益的思考循環，而我的注意力本應放在別處，例如在沙拉上。

這種過度思考是一種雙輸命題。

雙輸命題

我希望我能告訴你，我的喬氏超市鮮花體驗只發生過一次，但那是個謊言，因為這是我過去習慣做的事，現在我還不時發現自己仍這麼做。我內心的批評聲音（謝天謝地，她不再像以前那樣直言不諱了）仍試圖提高音量，並說：「這是最好的嗎？這是明智的嗎？你確定要這麼做嗎？」**這種嚴格的內心監管是許多人（尤其是女性）一直以來持續在對抗的事情，為了克服這些想法，我們需要評估，為什麼它們如此容易使人受害。**

我們知道，過度思考會把我們的思想引向無益的方向，因為我們會陷入憂慮、悔恨或後悔的思緒中。但我們可能沒有意識到，過度思考也會阻止我們歡迎美好的事物進入生活。**我們將自己與生活中的小樂趣隔絕開來，說服自己放棄潛在的美好事物，且在這個過程中浪費大量精力。**

我們都會猜想：自己是否會後悔否認自己？但我們還是這麼做了。在作家爾瑪・邦貝克（Erma Bombeck）最受歡迎的報紙專欄中，她曾寫道，如果她能再活一次，她會「在『好』的客廳裡吃爆米花」，以及「點燃那支雕成玫瑰花狀的粉紅蠟燭，不讓它在閒置中融化」[1]。這些文字是她在一九七九年寫的，至今仍在流傳，並引起女性的共鳴。我們在這些文字中看見自己，因為我們也想在還有機會的時候享受生活中的美好事物，但很多人都沒有做到。

當我們停止過度思考，便能走出自己的道路，為自己的生活帶來更多喜悅、和平和愛。讓我們來看看，有哪些是你可以做的事情，用以邀請美好的事物進入你的生活，而不是過度思考、想方設法逃離。

下定決心對自己好一點

我到底想從那些花裡得到什麼？我不需要花，它們只是花飾，不是必需品，沒有這些花，我也能過得很好。那些花很棒，因為它們是「額外的」，但額外正是我經常說服自己放棄的東西。

我往往忽略的是，買花並不是一種無聊的、一次性的花費。從本質上來說，它們可能不是必須的，但確實對我的想法和感受產生很大的影響。一旦我把花帶回家，我會很開心看到花兒在廚房流理檯上待了整整一星期。這是件小事，卻對生活產生巨大的影響，而且很容易做到。

然而，我經常拒絕這些小事，向內心的批評聲音屈服，這些批評聲浪往往質疑我的小小放縱，正因為它們是多餘的。至少我曾經是如此，直到我學會對自己更友善，對富足的態度也更自在一些。當我說富足的時候，我並不是指狂買奢侈品或常常揮霍無度，**我指的是那些我們喜歡，但不一定需要的小東西。**

太多女性自承善於監管自己的小零食，經常不斷地與自己對話：「我應該這麼做嗎？這真的值得嗎？」如果我們不能讓自己內心的批評聲音點頭答應（同時也請它讓我們安靜一下），我們就會默認現狀，這意味著我們將錯過許多微小快樂湧現的瞬間。我們為什麼要這樣對待自己？當我在「現代版達西夫人」部落格上寫到這一點時，讀者告訴我，她們也在為是否要放縱吃零食而掙扎。有些人坦白，她們的抽屜裡裝滿了好東西，例如上等巧克力、法國乳液、香薰蠟燭，這些都是別人送的，但她們覺得在「特殊」場合之前都不該使用。不管是什麼原因，我們都會推遲或乾脆不享用那些能帶來快樂的小點心。

有時我們甚至會因為享受被要求做的事情而感到內疚。我有一個朋友，她的工作需要她花時間閱讀和研究，而這是她最喜歡的兩件事。但她曾告訴我，這讓她感到內疚。「你不是應該在工作嗎？」她內心的批評聲音問道。「你真的應該享受這一切嗎？」

天哪，她是在做她真正的工作，而且做得很好，但還是想太多了！

實在沒有必要如此，我們可以學會溫柔地、和善地對待自己。**從密切監控自己每一個動作的效率，變成給自己一點寬容，不要總是那麼有效率；從必須不斷為我們的決定正當化，到從需要把一切都做到完美的感覺中釋放出來。**我們可以允許自己享受一些超出最低限度的東西；可以欣賞眼前美好的事物而不為此感到內疚，我們可以用富足心態取代匱乏之。

喬氏超市所賣的花束並沒有什麼神奇之處，重點不在花，而在於其所代表的意義。當然，即使生活中沒有小樂趣，我們也能過得很好，如果我們是在一種匱乏的心態下運作，我們確實是這樣沒錯，但有了富足的態度，我們會覺得有能力對這小小的好意說「好！」。

這些小決定看似很小，在某種程度上確實很小，但其影響是巨大的：第一，我們不介意為生活帶來一點簡單的快樂；第二，如果我們不能相信自己對於一束幾塊錢美元的花束做出正確的決定，就難怪我們會在較重大的事情上，遲遲不肯相信自己。

考慮到這一點，有什麼小事物能為你帶來快樂呢？你要如何才能更常享受它們呢？

找出什麼是你的生活樂趣

艾瑞絲·梅鐸（Iris Murdoch）寫道：「幸福生活的祕訣之一，就是連續不斷的小點心，如果這些小點心中有一些很便宜，而且能很快買到，那就更好了。」[②] 梅鐸寫這句話有點像開玩笑，這是她書中一個角色的台詞，但我們不都喜歡小點心嗎？

我們可以將「點心」定義為一些額外、非必要的東西，一些超出我們所需的絕對最小值的生活樂趣。點心不一定要昂貴，但應該要高度個人化，為自己帶來快樂，不需考慮別人的口味和偏好。

當我問朋友，她們都喜歡哪些樂趣時，得到的回答不盡相同：週二晚上讓別人哄孩子睡覺之際，自己泡個薰衣草浴；晚飯後來一小塊美味的黑巧克力；把週六早上原本做家務的時間，挪來進行定期的健行運動；期待在出版日當天收到引人入勝的新書。

至於我呢，在多年使用廉價鋼筆之後，現在我著迷於品質好的鋼筆（比剛好夠用的鋼筆多花一美元）。有很長一段時間，我都在考慮花這筆額外的錢是否「值得」。我現在不這麼做了，因為我對最低水準的東西不再感興趣，至少對鋼筆不感興趣，這對我來說很重要。當然，我可以用二十美分的筆來寫作（或者更糟的是，從銀行拿到的免費筆），但如果我願意額外花點錢買一支好筆，讓自己享受這種經驗，那麼我每次都會選擇好筆。用一支高品質的筆寫作是一種樂趣，我知道多花點錢買一支可以連續寫好幾個小時的筆，是最便宜的樂趣之一。

我有個朋友很喜歡酪梨醬，她告訴我，她習慣在她最喜歡的墨西哥捲餅店不點酪梨醬，因為並不需要。但她上次去的時候，多花了一塊錢加點酪梨醬。她說這實在太好吃了，讓她不禁懷疑自己以前為何從來沒有點過。我們都知道答案：因為這並非必須品，所以她的預設答案都是「不」，但她不會再這樣做了，因為她正在學習把好東西變成一種習慣。

讓好東西成為一種習慣

把好東西帶到我們生活中最有效的方法之一，就是把它變成一種習慣。

在先前章節中，我們曾討論如何將重複的決策置於自動駕駛狀態，決定一次，然後無限期地享受其中的好處。我們可以像鐘錶一樣為自己的利益而行動，而不必無休止地爭論此舉是否「正確」。這能讓我們自由享受任何事物，而不是折磨自己，糾結是否應該，或者等待一個可能永遠不會到來的特殊時刻。

當我們沒有預先在腦中抉擇時，便會仰賴即興發揮，根據自己當時的感受來做決定。我們可能會自問：「到了店裡再決定買什麼花，究竟會有多難呢？」這聽起來並不難，但真正在店裡的那一刻，我們就僵住了。若沒有清晰的準則或系統可供指引，我們就必須不斷決定，並為其找出正當理由。

我將此一策略付諸實踐，並為自己制定一項關於鮮花的個人規則：每次只要我去喬氏超市都要買花，除非當天的選項不優，或我們家的牡丹正在盛開。因為我剛提及的，內心想要更好的東西，再加上我節儉的天性，這並非最自然的決定，而這也是為什麼我選擇讓這個決定自動進行，否則只要每次去商店，內心都會天人交戰到精疲力竭。現在我只需把它們放進購物車，不需做任何決定。花費不到五美元（雖然我今天早上買的水仙花才不到兩美元），就能讓我非常、非常開心。

另一些人則以適合自己喜好的方式實踐該策略。上大學的時候，我經常到附近的一戶人家當保姆，女主人把廚房收拾得井井有條的樣子讓我很著迷。翠西自承，她並不是一個非常居家的人，但她確實喜歡烹飪，且把廚房稱為她的「快樂之地」。當我上完早上的課抵達她家時，小孩通常已午睡，我走進去時，她正在清理廚房，將中島擦拭乾淨是她清理工作的最後一步，之後她會從水槽下的儲物櫃裡，挑一支蠟燭點燃，閃爍的燭光讓廚房感覺溫暖舒適，這是我在芝加哥沉悶冬日裡很喜歡的情景。

有一次，我坐在中島的一張凳子上，在她進行例行清理工作時與她聊天。「我喜歡這些蠟燭，」當她劃著一根火柴時，我這麼告訴她。「謝謝你，我很開心，」她說，然後她告訴我，她以前會因為點亮它們而感到內疚，這些蠟燭很漂亮，她過去常常認為應該要等到特殊的場合才點。我問她發生了什麼變化。

「我想開了，」她說。「我決定無論如何都要點蠟燭，我真的很喜歡這些蠟燭，你知道嗎？想想蠟燭這麼小的東西，卻讓我莫名地感到高興，所以我決定要一直點蠟燭。」

我很高興翠西能夠擁抱富足的心態，並克服了把蠟燭留到「特殊」場合的衝動。

尋找為生活添加樂趣的方法

簡單的富足是一種心態，不是你能買到的東西，那種富足的感覺甚至不需要標價。它可以是在白天抽空讀一本小說，或是坐在門廊上喝杯茶放鬆一下，抑或是停下來看看鄰居的花。允許自己享受這些小時光，這是一份多麼珍貴的禮物啊！

我學到練習富足心態的方法是在路上，當我開車的時候。

為了說明這一點，我來說一個故事。很久以前，我住在芝加哥郊區，威爾和我考慮了很久，想在我們婚後定居風城芝加哥。

但我們沒有。生活費用和芝加哥的嚴冬把我們往南推，但在我利弊清單上的第三個關鍵因素是羅斯福路。這是一條兩旁商業區林立、貫穿芝加哥西郊的寬闊主要道路，我時常經過那裡，對它的厭憎有如千日之火，又或者是一千個噴出廢氣的發動機之火。我討厭我在這條路上花的每一分鐘，即便它是到達目的地最快的一條路。

我們最後又回到了路易維爾，那裡有一條特別的路，年復一年讓我越來越想起那可怕的芝加哥大道（給當地人：那條路是謝爾比維爾路，Shelbyville Road。尷尬）。

多年來，我幾乎每天都行駛在這條路上，直到有一天，經過在蓬勃發展的手機商店、汽車經銷店、巨大水泥停車場、紅綠燈和又一家沃爾格林（Walgreens）藥店時，我恍然大悟：我可以繞遠路回家。就在那天，我不再在這條吞噬靈魂的道路上行駛，五年過去了，我從來沒有後悔過。

我過去常常會想很多，覺得開車稍微偏離原本路線，去尋找一條讓我心情更愉快的路線是否「值得」。不了，我做一次決定之後，每次上車我都會遵從這個決定。除非我的目的地確實在那條可怕的路上，否則我不會在這條路上開車。時間和汽油是寶貴的資源，但我的精神能量、我（通常）興高采烈的態度，以及我對無盡的水泥景觀的耐心也是寶貴的資源。當時間緊迫時，我會走最快的這條路，即便它很醜陋，但如果我多出三分鐘，我就不會再為選擇繞遠路而感到內疚了，因為短途車程（有時只是三個街區！）讓我優先考慮美麗，而不是速度，這是一個讓我更快樂的小改變。

從雙輸到雙贏

這些微小轉變的意義在於和平與喜樂。過度思考在這裡是雙輸的，但如果我們能把習慣放在一邊，不再想我們自己不幸福，我們便會加倍的充實豐富。

下一步

1. 在你的生活中，有哪些簡單富足的例子呢？

2. 說到簡單的快樂，你有沒有想過：「我不該得到這些？」你要如何才能改變這種內心對話呢？

第14章 改變思考方式的漣漪效應

「我改變了自己，就改變了全世界。」

——格洛麗雅・安札杜爾（Gloria Anzaldúa）

在這本書中，我試圖說服你：你怎麼想很重要。**藉由改變你的思考方式，你可以從根本上改變你體驗世界的方式**。你在每一分鐘和每一小時中所做的事情，累積成你的一生。我希望這本書能幫助你花更多時間，去追求同樣會激勵你採取行動的健康、有益，以及不可或缺的想法。

我們思考的方式，也就是我們思考的東西、這些想法對我們的意義，以及我們選擇如何處理它們，在很大程度上決定了我們生活的樣貌。正如美國思想家拉爾夫・沃爾多・愛默生（Ralph Waldo Emerson）所寫的：「人生，不就是由人整天所想的事所構成嗎？」[1]一次一個想法，我們正逐漸養成我們現在和將來要成為的人。

我們都想過著外人看起來還不錯的生活，但當我們把時間花在過度思考時，生活就會變調。**想太多不只是種麻煩，如果我們花時間過度思考，就表示沒有把時間投注在重要的事情上。**

當我和其他女性討論過度思考問題時，有很多人表示討厭自己這麼做，並希望自己能停止。與此同時，他們或許不認為這是一個迫切的問題，但我擔心她們低估了過度思考對生活（以及對所有人生活）的影響。雖然我們傾向於認為過度思考是個人問題，但事實是，我們個人的想法、決定和行動並不只影響我們自己，它們會產生漣漪效應，影響我們身邊的人，範圍甚廣。

我最喜歡的作家之一，是我的肯塔基同鄉溫德爾．貝瑞（Wendell Berry），他寫了許多文章，描述關於我們這個世界的生態健康，以及細心照料它的責任。「小的破壞加總起來，」[2]他寫道，「最終，眾所周知會集結為大破壞。」貝瑞指的是我們的山脈和海洋的健康，但我逐漸明白，過度思考對我們的生活也有類似影響。往好的方面看，過度思考是浪費精神和氣力，但在最壞的情況下，則會破壞我們的生活。**過度思考對任何人都沒有好**

處，而且會對許多人造成傷害，這些小破壞會不斷累積，而且不只存在於個人生活中，所有這些過度思考累積的破壞是巨大的。

如果我們不把時間浪費在過度思考上，而是專注於可能做的好事呢？小的破壞會擴大，但改造的行為也會擴散。如果我們尋求這些小小的改造行動呢？對我們的家庭、我們的社區、我們的世界，漣漪效應會有多大？

我們正在不斷改變這個世界

在我的教會裡經常唱一首歌，其中副歌部分會重複：「當我們創造了正義、歡樂、憐憫與和平，上帝就會喜悅。」[3] 當我第一次聽到時，我被這樣的想法迷住了：我們不必只滿足於對這些事物的渴望，我們也可以創造它們。

我們可以在日常的小互動中創造公正。我們可以創造愛和快樂，就在我們所在的地方。我們可以練習同理，以及體現和體驗平靜。我們可以在自己的生活中創造這些美好的事物，這些美好的事物會影響身邊的人，而這些人又會影響其社群，進而影響整個世界。

我們可以成為正義、愛、歡樂、同情與和平的創造者，但當我們看看周圍的世界，這些事情很明顯不會憑空發生，我們必須思考這些議題，然後根據這些想法採取行動。我們需要問自己一些重要的問題，諸如：我想成為什麼樣的人？我想生活在什麼樣的世界裡？我要如何以自己的微薄之力，促使這件事成真？

這讓我想起，我和威爾有次去好市多時（我們很難得一起去），才剛把東西放進休旅車並從停車場開出來，就遇到了紅燈。就在那個轉角，有個女人舉著一塊紙板，上頭寫著「無家可歸，飢腸轆轆，隨便什麼東西都好」。

我以前遇到這種情況總是見機行事，但我知道我有現金，所以我搖下車窗，遞給她五美元，並告訴她要保重。綠燈亮了。我們沉默地行駛了幾個街區，接著威爾打了方向燈，打算換車道。當他快速掃視後方時，目光落在我們剛剛堆在中間座位上的大約兩百條燕麥棒上，我能看到他的肩膀垂下來。

「這輛車裡有兩百條燕麥棒，」他說。「我們應該給她一條。我們本可以給她一百條的。我們到底在想什麼？」

問題是，我們根本都沒想到。所以在那一天，我們為自己制定了一條新規則：如果有飢餓或無家可歸的人求助，就給他們五美元和一條燕麥棒。我們手頭通常都會有一些現金，而且我們在副駕駛座位的儲物箱裡為飢餓的孩子準備了很多零食。

在好市多之行結束過後好一陣子，我們一家驅車南下到佛羅里達狹長地帶度假。在一個朋友的建議下，我們途中停在阿拉巴馬州的一個水果攤上，買了二十磅熟桃子。我們的車塞滿了六個人十天旅行所需要的所有東西，因此沒有地方安放這些桃子。威爾和我於是把桃子放在司機和乘客座位之間的控制台，高高地擱在一堆零碎東西上。我坐在副駕駛座上，在急轉彎時不得不穩住這個沉重的箱子。

當我們駛離蒙哥馬利的高速公路時，一個男人在正午的陽光下站在轉角，手裡舉著一塊牌子，上面寫著「無家可歸，飢腸轆轆」。所以我們做了我們該做的：我們搖下窗戶，給他五美元和一條燕麥棒。他說：「上帝保佑」，我們回說「保重」。他轉身要走，又停了下來，好像他剛注意到什麼似的。「我能吃一個嗎？」他問道。

威爾很困惑，問道：「什麼東西？」

那人指了指桃子。

「當然！」我們說著，威爾便從最上頭拿了一個多汁的桃子遞給他。

「上天保佑你，兄弟，」他說。「我已經很久沒吃過這個了。」

當我們開車離開時，我在想我們是否應該把整箱都給他。答案是，我不知道。但我確實知道，我一直都很感激，我們為自己建立了這條底線，而我們擁有在必要時偏離它的自由，儘管我們一定做得不夠完美。

我們有可能把錢給了不懂得好好運用錢的人嗎？是的。我在乎嗎？不。很久以前我就決定要慷慨一點。我想生活在一個人們互相幫助的世界裡，人們用我給的錢或其他資源做什麼，並不是我說了算。所以當下我不會過度思考這些問題，即使我還在用自己的方式尋找答案。我會行動。

你和我採取的每一個行動，都是在為我們想成為什麼樣的人，以及我們想生活在什麼樣的世界而進行表決。這是我的選擇。

世界很大；我們很渺小。我們無法有所作為的感覺，會讓人感到無能為力。要做的事情太多了，我們做的事有意義嗎？我們很容易感到絕望和無助，但我們不必為複雜的解決方案負責。我們可以從此時此地開始，我們可以選擇改變，我們可以成為一股善良的力量，為了我們自己，也為了全世界。

祈福

我曾參加一個聖公會教堂的禮拜，每次禮拜結束時，牧師會送上祝福，可讓我們帶著走向外面世界的箴言。幾年前（巧合的是，在我生日那天），牧師講了一段非常優美的祈福語，後來我要了一份副本。這段祝福語不只描繪了我對來年的期望，也包括我對未來歲月的期望。它關乎我們看待世界的方式、我們選擇培育的思想，以及由此帶來的好處。

現在我與你分享：

> 願你身心安寧、快樂、輕鬆。
> 願你生活平安。願你無憂無慮。
> 願你學會用理解和愛的眼光看待自己。
> 願你能在自己心中發現，並觸摸到快樂和幸福的種子。
> 願你知道如何在每一天滋養自己內在快樂的種子。
> 願你能活得有活力、踏實、自由。④

這充分說明了我對自己的期望，以及我對讀者的期望。願你能好好運用本書的策略；願你將過度思考拋在一旁，培養一種能為你帶來平靜和喜悅的思想生活；願你善待自己，成為世界上一股善良的力量。

願你能活得有活力、踏實、自由。

我的建議書單

身為一個狂熱的讀者，在寫這本書時，我非常享受研究關於過度思考的不同面向。如果你有興趣探索更多關於這些主題的內容，我很樂意推薦以下書籍：

◆ **書名：《創作者的日常生活》**（*Daily Ritual*）

作者：梅森．科瑞（Mason Currey）

這本彙編的概念再簡單不過：作家、作曲家、畫家、編舞家、劇作家、詩人、哲學家、雕塑家、電影製作人和科學家的日常生活，那些數百年前至今都存在的工作。一口氣閱讀或在閒暇時細細品嚐每位藝術家的日常節奏。這絕不是一本操作手冊。書中的例行公事和儀式令人困惑和矛盾，無法不去注意到有多少藝術家的生活和事業遭藥物濫用所破壞。但這是一本出色的書，能讓你思考生活架構可以是什麼樣子。當你感到工作停滯不前或受阻時，可以一次又一次地回到書中讓你汲取靈感的頁面。

◆ **書名：***The Chemistry of Calm*

作者：亨利・艾蒙斯（Henry Emmons）博士

透過一位播客嘉賓在《下一本該讀什麼？》裡的推薦，我第一次發現這本書，而這也很快地成為我最喜歡的集數之一（那是第93集：「書籍幫助控制焦慮＋一頓書籍的早午餐會讓你流口水。」）。大部分內容是關於為身心健康打下堅實的基礎，艾蒙斯探討了正確的飲食、定期健身、營養補給品和練習正念是如何影響我們身體的運作和感覺方式。他還探討為什麼焦慮影響了當今許多的人、七種不同類型的焦慮，以及如何培養身體和思想的恢復力。每次回到這本書，我最大的收穫就是不要忽視基礎，即使我們的問題看起來過於複雜，似乎無法透過食物、運動和睡眠等簡單的事情來解決。

◆ **書名：***The Next Right Thing*

作者：艾蜜莉・弗里曼（Emily P. Freeman）

弗里曼的寫作對象是那些長期猶豫不決、在事後評論，以及任何在決策疲勞裡掙扎的人。我喜愛她的同名播客，而這本漂亮的書本身就很好（儘管我強烈建議至少聽幾集播客，就可以聽到艾蜜莉講述她自己的故事）。無論你正處於過渡期，還是只是想撫平日常生活的粗糙邊緣，弗里曼都能提供明智的建議。她的祈禱和練習會讓你感覺神清氣爽，為下一步做好準備。

◆**書名：***Rapt*

作者：溫妮佛德．葛拉格（Winifred Gallagher）

葛拉格的故事始於一個可怕的診斷。在得知糟糕的預後之後，葛拉格意識到：雖然疾病很容易在治療期間壟斷她的注意力，但她的生活品質有很大程度是取決於她選擇去關注什麼。她決心要明智使用有限的精神貨幣，不是專注於疾病，而是選擇專注於生活，包括散步和電影等小樂趣，以及賦予生活意義的大樂趣。在這本書中，她分享所學的關於注意力的力量，即使在感到困難時，該如何培養注意力，以及為什麼這很重要。

◆**書名：**《零偏見決斷法》（*Decisive*）

作者：奇普．希思（Chip Heath）和丹．希思（Dan Heath）

這本以故事為導向的商業書，探討了為什麼某些決定是如此具有挑戰性，然後集結各個方面的案例研究，從是否解僱員工，到是否接受具風險性的骨髓移植等，教導讀者如何做出更好的決定。希思兄弟非常機敏，而且非常有趣，使《零偏見決斷法》比典型的商業書籍好上一百萬倍。每個人都會發現有用的收穫，即使他們沒有為決定而苦苦掙扎。我幾乎每天都會使用從這本書中學到的訊息。

◆ **書名：《告別玻璃心的十三件事》**（*13 Things Mentally Strong People Don't Do*）

作者：艾美．莫林（Amy Morin）

莫林透過自己的治療師工作，她開始相信，那些想要發揮最大潛力的人不會養成適得其反的壞習慣。他們取得進步不只是因為他們做了什麼，而是因為他們「沒有」做什麼。她的作品包含豐富且引人反覆深思的材料，關於你自己的思維模式、習慣和例行公事，以及關於發展和維持心理力量的可靠技巧。你可能還會欣賞莫林針對女性的續集《告別玻璃心的女力養成指南》（*13 Things Mentally Strong Women Don't Do*），她在其中研究了為什麼完美主義、過度思考、自我懷疑和轉移讚美等習慣是如此具有破壞性，以及女性可以做些什麼。

◆ **書名：《創意是一種習慣》**（*The Creative Habit*）

作者：崔拉．夏普（Twyla Tharp）

在這本對話書中，世界著名的編舞家崔拉・夏普闡釋了她的生活是如何圍繞著一套完整的「常規堆積」，因為正如她所說的，「舞者的生活就是不斷的重複。」她的整體理念是，創造力不是一些幸運的人才擁有的特質，而是我們都可以培養的東西。她的重點是塑造創造力的生活框架，日常的架構。在她看來，創造力就是工作，那些從事追求創造力的人，能夠完善的執行例行程序，並且消除干擾。這本書鼓舞人心，且出乎意外的實用。

◆書名：《要忙，就忙得有意義》（*Off the Clock*）

作者：蘿拉・范德康（Laura Vanderkam）

很多人完成了大量工作，但仍然對他們如何安排時間感到沮喪。范德康調查了那些覺得自己擁有世界上所有時間的高效人士，不論他們的承諾、義務和成功的企業，她調查這些人到底做了什麼。范德康使用真實人物的故事介紹了七種關鍵的思維轉變模式，使得這本時間管理書籍既有用又有趣。

◆書名：《心靈的重塑》（*Renovation of the Hear*）

作者：達拉斯・魏樂德（Dallas Willard）

你是否曾經覺得，如果能真正讀懂一本書，一切都會改變？我對偉大的已故達拉斯・魏樂德的著作，就有這樣的感受。他是一位深受愛戴的哲學教授，他在南加州大學長達四十八年。他的書內容非常豐富，以至於我只能以四分之一的正常速度閱讀。這本書是為基督徒寫的，如果我被迫選擇的話，是他的著作中我最喜愛的一本，是關於仔細培養一個人的內在自我以與基督相似。具體的重點是心靈形塑的過程：你的身體、靈魂、思想和精神是如何結合在一起，使你成為你。它包含了豐富的見解，儘管我已經從頭到尾讀了至少五遍，但我仍在努力理解。

◆ **書名：《克服不受歡迎的侵入性想法》**（*Overcoming Unwanted Intrusive Thoughts*）

作者：莎莉・溫斯頓（Sally M. Winston）博士和馬丁・賽義夫（Martin N. Seif）博士

標題說明了一切，對吧？這本無愧於「你從未聽說過的最棒的書」的地位。在這本實用指南中，溫斯頓和賽義夫解釋如何處理一個令人不安的事實：我們寶貴的注意力可以被無用的垃圾劫持，這幾乎會發生在我們所有人身上。作者探討了侵入性想法，揭穿了圍繞著這些不受歡迎想法的常見迷思（無論是短暫還是持續存在），解釋發生時該如何處理的策略（有些我之前做得非常錯誤），並說明克服這些問題之後的改變。

謝詞

每寫一本書，要感謝的名單都會變得更長一些。這是必然的。小時候第一次愛上書籍和閱讀時，我想像手中的作品是一位作家獨自在辦公桌前辛苦努力的產物。我現在更清楚，如果沒有無數的人以難以想像的方式幫助我的話，不得不承認，你就無法拿到這本書了。

在我努力實現本書概念的早期，感謝麗貝卡・古茲曼（Rebekah Guzman）和比爾・詹森（Bill Jensen）的集思廣益、出色的匯合整理和支持。

感謝麗茲・希尼（Liz Heaney），非常高興再次與你合作。感謝你明智的見解和嚴厲但善意的批評，謝謝你在找到正確的架構之前都沒有放棄，你知道我對架構的執著！

感謝貝克出版集團（Baker Books）的偉大團隊：溫蒂韋・策爾（Wendy Wetzel）和馬克・萊斯（Mark Rice）的行銷頭腦；布里安娜・德威特（Brianna DeWitt）的精明宣傳；艾米・巴洛爾（Amy Ballor）的編輯鷹眼；帕蒂・布林克斯（Patti Brinks）的第一次嘗試就完成了這個很棒的封面；布萊恩・托馬森（Brian Thomasson）在早期的熱情和關於你母親的精

彩故事；以及感謝其他所有使出版成真的人。

感謝瑪麗貝斯・惠倫（Marybeth Whalen）對這本書的主題充滿了無限熱情，以及能在完全對的時間發送精準適當簡訊的神奇能力。

感謝艾莉・菲隆（Ally Fallon）從一開始就著手幫我建立架構，並告訴我關於泰國的事。

感謝艾莉兒・羅紅（Ariel Lawhon）和J. T. 埃里森（J. T. Ellison）出色的文字模板技巧，大幅地改善了我的工作流程，在我需要的時候提供寫作的鼓勵。

感謝麗莎・巴頓（Lisa Patton）的熱情款待，幫助本書得以完成，以及沙拉醬的推薦。

感謝梅麗莎・克拉森（Melissa Klassen）作為可讓我託付非常糟糕的初稿的朋友，讓我的生活在截止日期前不至於崩潰，並且聽我訴說過度長篇大論的事情。感謝蘭迪・桑希爾（Randi Thornhill）信賴我那些最糟糕的事情，並提供關鍵的早期反饋，以及與我分享完美主義故事。

感謝布倫娜・弗雷德里克（Brenna Frederick）和利・克萊默（Leigh Kramer）的仔細閱讀和博學的反饋。感謝唐娜・赫奇勒（Donna Hetchler）的密切關注和無數的電子表格。感謝金潔（Ginger）讓我們一起做的工作發揮作用。我非常感謝你和你（自稱）完全地缺乏冷靜。

感謝貝絲・西爾弗斯（Beth Silvers）將我從許多過度思考的迴圈中拉出來，並幫助我充分考慮了書頁中的許多想法。

感謝莎拉・貝西（Sarah Bessey）讓我從你的筆記本的時事通訊中提取完美的詞句來介紹第五章。

感謝莎拉・斯圖爾特・霍蘭德（Sarah Stewart Holland）、肯德拉・阿達奇（Kendra Adachi）、傑米・高登（Jamie B. Golden）、帕蒂・卡拉漢・亨利（Patti Callahan Henry）、瑪麗・勞拉・菲爾波特（Mary Laura Philpott）、勞拉・特里梅因（Laura Tremaine）和埃里克・費舍爾（Erik Fisher）慷慨地為本書提供支持的字句。

與作家交朋友的問題在於，你可能會出現在他們的書頁裡。很多朋友最後都在這本書中。非常感謝洛瑞・霍爾頓（Lori Halton）、戴夫和阿曼達・哈里蒂（Dave & Amanda Harrity）、艾希莉・古帝亞茲・席勒（Ashley Gutierrez Siler）、詹森・布雷蕭（Janssen Bradshaw）、梅格・蒂次（Meg Tietz）、米奎琳・史密斯（Myquillyn Smith）和諾克斯・麥考伊（Knox McCoy）的友誼，感謝他們讓我講述他們的故事。

感謝「現代版達西夫人」的讀者們，這些年來在我提出這些想法時熱情地回應，充當深思熟慮和參與其中的回聲板，並讓我相信，以大愛採取的小行動改變了世界。

致那些進貨的書商，甚至更好的是，在實體店面銷售！為我舉辦活動，並推薦客人收聽我的播客。感謝傳播愛書。

致更多簡．愛（Jane Eyre）的女性：克萊兒．迪亞茲—奧爾蒂斯（Claire Diaz-Ortiz）、艾莉．法倫（Ally Fallon）（再次）、艾蜜莉．弗里曼（Emily Freeman）、梅爾．朱爾萬（Mel Joulwan）和克萊兒．佩萊特羅（Claire Pelletreau），她們充當了安全的共鳴板，為我加油並呼喚著我，優雅且充滿智慧和同理心。

感謝蘿拉．范德康、克里斯．貝利（Chris Bailey）、卡米爾．諾伊派根（Camille Noe Pagán）和陳凱瑟琳（Katherine Chen）關於工作的談話和慷慨地分享對寫作生活的了解。

感謝爸爸媽媽，如果不提及你們，我似乎無法談論我在生活中學到的東西。很抱歉，你們是我早期許多例子的對象，感謝你們慷慨地允許我使用它們。

致傑克遜、莎拉、露西和西拉斯，感謝你們教會我很多關於這個話題和其他所有值得了解的事情，讓我（間接地）講述了你們的故事，並容忍我把書頁放在廚房檯面上。你們是最棒的。

感謝威爾，所有的一切，現在讓我們一起享受不用趕著交稿的時間。

註釋

第1章

① Dr. Susan Nolen-Hoeksema, *Women Who Think Too Much: How to Break Free of Overthinking and Reclaim Your Life* (New York: Henry Holt, 2003), 16.

② Annie Dillard, *The Writing Life, in Three by Annie Dillard: Pilgrim at Tinker Creek, An American Childhood, The Writing Life* (New York: HarperCollins, 1990), 568.

③ Nolen-Hoeksema, *Women Who Think Too Much*, 3.

④ "Women Have More Active Brains than Men," ScienceDaily, August 7, 2017, https://www.sciencedaily.com/releases/2017/08/170807120521.htm.

⑤ Nolen-Hoeksema, *Women Who Think Too Much*, 5.

⑥ Thomas Curran and Andrew P. Hill, "Perfectionism Is Increasing Over Time: A Metaanalysis of Birth Cohort Differences from 1989 to 2016," *Psychological Bulletin* 145, no. 4 (April 2019), 410–29.

第2章

① Dr. Henry Emmons, *The Chemistry of Calm: A Powerful, Drug-Free Plan to Quiet Your Fears and Overcome Your Anxiety* (New York: Touchstone, 2010), 157.

② Emmons, *Chemistry of Calm*, 235.

③ Nolen-Hoeksema, *Women Who Think Too Much*, 93.

④ Emmons, *Chemistry of Calm*, 234–35.

第5章

① 「完成循環」是個常見用語，但我第一次看到這個詞彙是在 Shifrah Combiths, "Try the 'Complete the Cycle' Cleaning Method for Instant Results," Apartment Therapy, accessed July 29, 2019, https://www.apartmenttherapy.com/try-complete-the-cycle-and-see-how-much-less-you-have-to-pick-up-221322.

② 這段對話是在我寫的一篇部落格貼文的評論中展開的，這篇文章名為「完成循環」（Completing the Cycle），張貼於二〇一七年三月六日的「現代版達西夫人」部落格，可在 https://modernmrsdarcy.com/completing-the-cycle 上找到。

③ 路易絲．厄德里奇（Louise Erdrich）的小說《現世上帝的未來之家》（*Future Home of the Living God*, New York: HarperCollins, 2017）提出了「從左到右」的建議。雖然這絕對不是這個故事的重點，卻深深讓我著迷。

④ Susan C. Pinsky, *Organizing 72 for People with ADHD* (Beverly, MA: Fair Winds Press, 2012), 23.

⑤ Dr. Bessel van der Kolk, *The Body Keeps the Score: Brain, Mind, and Body in the Healing of Trauma* (New York: Penguin, 2014), 56.

⑥ 儘管《心靈的傷，身體會記住》這本書受到眾多有品味的讀者的大力推薦，但我還是遲了好幾年才去讀它，因為我擔心它會很難懂且沉重（畢竟，這本書的書名中確實有「創傷」一詞）。范德寇的確處理一些艱難的議題，但我覺得此書很吸引人。一旦我開始閱讀，就停不下來。

⑦ Van der Kolk, *Body Keeps*, 56.

⑧ Emmons, *Chemistry of Calm*, 10.

⑨ Emmons, *Chemistry of Calm*, 118.

⑩ Emmons, *Chemistry of Calm*, 101.

⑪ Laura Vanderkam, "Go Confidently: A Conversation with Laura Vanderkam," hosted by Norton Healthcare, Louisville, Kentucky, March 12, 2018.

⑫ Laura Vanderkam, *Off the Clock: Feel Less Busy While Getting More Done* (New York: Portfolio, 2018), 93.

第6章

① 在德布・佩雷爾曼（Deb Perelman）的《迷戀廚房》（*The Smitten Kitchen Cookbook: Recipes and Wisdom from an Obsessive Home Cook*, New York: Knopf, 2012, 143-44）中，可以找到意大利麵南瓜和黑豆玉米捲的食譜，但如果你在墨西哥玉米捲之夜來訪，我會親自為你做這道料理。

第7章

① Jean Anthelme Brillat-Savarin, *The Physiology of Taste: Or Meditations on Transcendental Gastronomy*, trans. and ed. M. F. K. Fisher (1949), found in the Everyman's Library Edition (New York: Alfred A. Knopf, 2009), 15. 我第一次偶然發現這句話，是在以下這本書的引言：Mason Currey's *Daily Rituals: How Artists Work* (New York: Alfred A. Knopf, 2016).

② Winifred Gallagher, *Rapt: Attention and the Focused Life* (New York: Penguin, 2009), 4.

③ Gallagher, *Rapt*, 3.

④ Dallas Willard, *Renovation of the Heart: Putting on the Character of Christ* (Colorado Springs, CO: NavPress, 2002), 34.

⑤ Gallagher, *Rapt*, 53.

⑥ John Milton, *Paradise Lost*, bk. l, lines 254–55.

⑦ Emmons, *Chemistry of Calm*, 45.

⑧ Nolen-Hoeksema, *Women Who ink Too Much*, 3.

⑨ Emmons, *Chemistry of Calm*, 151.

⑩ Wallace Stegner, *Crossing to Safety* (New York: Random House, 1987), 158.

⑪ Dr. John M. Gottman and Nan Silver, *The Seven Principles for Making Marriage Work: A Practical Guide from the Country's Foremost Relationship Expert* (New York: Harmony Books, 1999), 73–74.

⑫ Zach Brittle, LMHC, "G Is for Gratitude," *The Gottman Relationship Blog*, March 31, 2014, https://www.gottman.com/blog/g-is-for-gratitude.

⑬ Katty Kay and Claire Shipman, *The Confidence Code: The Science and Art of Self-Assurance—What Women Should Know* (New York: HarperCollins, 2014), 149.

⑭ Chip Heath and Dan Heath, *Decisive: How to Make Better Choices in Life and Work* (New York: Crown Business, 2013), 172. 我很喜歡這個簡單的問句，現在常常使用。我首先感受到的，就是該問句所帶來的決斷力。

⑮ "An Interview with Peter Schjeldahl," *Blackbird Archive: An Online Journal of Literature and the Arts* 3, no. 1 (Spring 2004). 這個問句出自藝術評論家彼得．施傑爾達（Peter Schjeldahl），他實際上是在談論如何評價藝術作品。但我發現，我可以重述這個問句，用以涵蓋包括會議、對話，以及（尤其是）文學作品等各式各樣的情況。關於引用這個問句的精彩訪談，可在以下網址找到：https://blackbird.vcu.edu/v3n1/gallery/schjeldahl_p/interview_text.htm.

⑯ 非常感謝貝絲．西爾佛斯（Beth Silvers）在該主題及許多其他議題上的智慧。你可能是從貝絲的播客「Pantsuit Politics」認識她的，或是她與莎拉．史都華．霍蘭德（Sarah Stewart Holland）合著的：*I Think*

You're Wrong (But I'm Listening): A Guide to Grace-Filled Political Conversations (Nashville: Thomas Nelson, 2019).「每個人的生活中，都應該要有貝絲」，這句話我不曉得說過多少次了。

⑰ Anne Lamo, *Almost Everything: Notes on Hope* (New York: Riverhead Books, 2018), 21–23.

⑱ 如果你經歷憂鬱症或有自殺的想法，請立即尋求專業幫助。

⑲ Dr. Sally M. Winston and Dr. Martin N. Seif, *Overcoming Unwanted Intrusive Thoughts: A CBT-Based Guide to Getting Over Frightening, Obsessive, or Disturbing Thoughts* (Oakland: New Harbinger Publications, Inc., 2017), 7.

⑳ Winston and Seif, *Overcoming Unwanted Intrusive Thoughts*, 14.

㉑ Phil Patton, "Our Longing for Lists," *New York Times*, September 1, 2012, https://www.nytimes.com/2012/09/02/opinion/sunday/our-longing-for-lists.html. 這篇文章內附一張強尼・凱許待辦事項清單的圖片，是由比佛利山莊的朱利安拍賣行（Julien 's Auctions）所提供。這張清單在二〇一〇年十二月五日的拍賣會上，以六千二百五十美元的價格售出。

㉒ Amy Morin, *13 Things Mentally Strong Women Don't Do: Own Your Power, Channel Your Confidence, and Find Your Authentic Voice for a Life of Meaning and Joy* (New York: HarperCollins, 2019), 109.

㉓ Morin, *13 Things*, 116.

㉔ Pablo Briñol, Richard E. Petty, Margarita Gascó Rivas, and Javier Horcajo, "Treating Thoughts as Material Objects Can Increase or Decrease Their Impact on Evaluation," *Psychological Science* 24, no. 1 (November 2012), 41–47. 有趣的是，有些對此進行調查的研究認為，儀式的力量乃是何以把負面的想法寫下來並扔掉會有效的原因之一。

㉕ Nolen-Hoeksema, *Women Who Think Too Much*, 61.

第 8 章

① Twyla Tharp, *The Creative Habit: Learn It and Use It for Life* (New York: Simon & Schuster, 2003), 15.

② Mason Currey, *Daily Rituals: How Artists Work* (New York: Alfred A. Knopf, 2013), xiv. 諷刺的是，在同一頁上，科瑞寫道：「這本書的書名是*Daily Rituals*（日常儀式），但我寫作的重點實際上是人們的例行公事。」

③ Michael Lewis, "Obama's Way," *Vanity Fair*, September 11, 2012, https://www.vanityfair.com/news/2012/10/michael-lewis-profile-barack-obama.

④ Carrie Donovan, "Feminism's Effect on Fashion," *New York Times*, August 28, 1977, page 225, accessed online at the *New York Times* archives on June 7, 2019, https://www.nytimes.com/1977/08/28/archives/feminisms-effect-on-fashion.html.

⑤ William Norwich, "At Mortimer's with Carrie Donovan, the Old Navy Lady," *Observer*, January 26, 1998, https://observer.com/1998/01/at-mortimers-with-carrie-donovan-the-old-navy-lady/.

⑥ Lesley M. M. Blume, "Grace Coddington Talks Unconventional Beauty, Too-Skinny Models, and Her 'Unpopular' Wardrobe," *Huffington Post: Life*, March 18, 2010, https:// www.huffpost.com/entry/grace-coddington-talks-un_n_329008.

⑦ Jennifer L. Scott, *Lessons from Madame Chic: 20 Stylish Secrets I Learned While Living in Paris* (New York: Simon & Schuster, 2011), 41–56.

⑧ Barry Schwartz, *The Paradox of Choice* (New York: HarperCollins, 2005), 30.

第9章

① 假如你還不知道諾克斯．麥考伊，他與傑米．高登（Jamie B. Golden）共同主持長青播客節目「The Popcast with Knox & Jamie」，請馬上去收聽看看。他還著有一本好書《*The Wondering Years: How Pop Culture Helped Me Answer Life's Biggest Questions* (Nashville: Thomas Nelson, 2018)》。

② 請去收聽看看梅格．蒂茨（Meg Tietz）首屈一指的女性生活風格播客節目「Sorta Awesome」，任何可收聽播客的地方都可收聽得到。

③ 若想了解更多關於麥奎琳的才華，建議可閱讀她的書《*Cozy Minimalist Home: More Style, Less Stu* (Grand Rapids: Zondervan, 2018)》。

第10章

① *Sideways*, directed by Alexander Payne (Los Angeles: Fox Searchlight Pictures, 2004), DVD.

第11章

① Alison Wood Brooks, Juliana Schroeder, Jane Risen, Francesca Gino, Adam D. Galinsky, Michael I. Norton, and Maurice Schweitzer, "Don't Stop Believing: Rituals Improve Performance by Decreasing Anxiety," *Organizational Behavior and Human Decision Processes* 137 (November 2016): 71–85.

② 關於該主題最全面的研究來自於：Sandra L. Hofferth and John F. Sandberg, "Changes in American Children's Time," 1981–1997, *Advances in Life Course Research 6* (December 2001): 193–229. 其他的研究和資訊，包括更多最新的研究，集結在以下網址：https://thefamilydinnerproject.org.

第12章

① Thomas Gilovich and Amit Kumar, "We'll Al- ways Have Paris: The Hedonic Payoff from Experiential and Material Investments," *in Advances in Experimental Social Psychology*, eds. M. Zanna and J. Olson, vol. 51 (New York: Elsevier, 2015), 163.

② Jay Cassano, "The Science of Why You Should Spend Your Money on Experiences, Not Things," *Fast Company*, March 30, 2015, https://www.fastcompany.com/3043858/the-science-of-why-you-should-spend-your-money-on-experiences-not-thing.

第13章

① Erma Bombeck, *Eat Less Cottage Cheese and More Ice Cream: Thoughts on Life from Erma Bombeck* (Kansas City: Andrews

McMeel Publishing, 2003).

② Iris Murdoch, *The Sea, the Sea* (London: Chatto & Windus, 1978), 81.

第14章

① Ralph Waldo Emerson, *The Complete Works of Ralph Waldo Emerson: Natural History of Intellect, and Other Papers*, vol. 12 (Boston; New York: Houghton, Mifflin, 1903–04), 10.

② Wendell Berry, "Contempt for Small Places," *The Way of Ignorance* (Berkeley: Shoemaker & Hoard, 2005), 26. 全文是這樣的：「海洋的健康取決於河流的健康；河流的健康，取決於小溪的健康；小溪的健康取決於其流域的健康。水的健康情況與土地的健康情況完全相同；小地方的健康狀況和大地方的健康狀況完全一樣。我們都知道，疾病很難控制。因為自然法則在任何地方都有效，所以感染會移動。我們不能讓大陸和海洋免受我們對小地方和小河流的輕視。小的破壞加總起來，最終被統稱為大破壞。」

③ Shirley Erena Murray, "For Everyone Born, a Place at the Table" (Carol Stream, IL: Hope Publishing Company, 1998).

④ 要找到這種祈福的來源並不容易。我的牧師告訴我，這是多馬斯・牟敦（Thomas Merton）寫的，其中一個版本確實出現在多馬斯・牟敦所著《*Contemplative Prayer*》（New York: Crown Publishing Group, 1996），第13-16頁。但我的牧師將她的祈福語改編自一行禪師（Thich Nhat Hanh）在這本書的序言中分享的一段禱告。這種祈禱只是古代佛教祈禱的一種表現，所有佛教派別都這麼做。

國家圖書館出版品預行編目（CIP）資料

別想了，好好生活吧！：停止無建設性的反覆思考，緩解多慮的焦躁，克服決策疲勞，把心力用在值得的事情上 / 安妮・博吉爾（Anne Bogel）著，許玉意譯 . -- 第一版 . -- 臺北市：天下雜誌，2022.07

面；　公分 . --（心靈成長 ; BCCG0086P）

譯自：Don't Overthink It: Make Easier Decisions, Stop Second-Guessing, and Bring More Joy to Your Life

ISBN　978-986-398-789-5（平裝）

1. CST: 自我實現　2.CST: 生活指導　3.CST: 焦慮

177.2　　111010551

心靈成長 086

別想了，好好生活吧！

停止無建設性的反覆思考，緩解多慮的焦躁，克服決策疲勞，把心力用在值得的事情上

DON'T OVERTHINK IT: Make Easier Decisions, Stop Second-Guessing, and Bring More Joy to Your Life

---

作　　者／安妮・博吉爾 Anne Bogel
譯　　者／許玉意
封面設計／葉馥儀
內頁排版／林婕瀅
責任編輯／鍾旻錦

天下雜誌群創辦人／殷允芃
天下雜誌董事長／吳迎春
出版部總編輯／吳韻儀
出 版 者／天下雜誌股份有限公司
地　　址／台北市 104 南京東路二段 139 號 11 樓
讀者服務／（02）2662-0332　傳真／（02）2662-6048
天下雜誌 GROUP 網址／ http://www.cw.com.tw
劃撥帳號／ 01895001 天下雜誌股份有限公司
法律顧問／台英國際商務法律事務所・羅明通律師
製版印刷／中原造像股份有限公司
總 經 銷／大和圖書有限公司　電話／（02）8990-2588
出版日期／ 2022 年 7 月 28 日第一版第一次印行
定　　價／ 350 元

書號：BCCG0086P
ISBN：978-986-398-789-5（平裝）

直營門市書香花園　台北市建國北路二段 6 巷 11 號　（02）25061635
天下網路書店 shop.cwbook.com.tw
天下雜誌出版部落格——我讀網 books.cw.com.tw/
天下讀者俱樂部 Facebook www.facebook.com/cwbookclub

天下雜誌
觀念領先